भारत में लघु उद्योग

विकास एवं संभावनाएँ

भारत में लघु उद्योग

विकास एवं संभावनाएँ

राधाकृष्ण प्रकाशन

ISBN : 978-81-19989-65-2

भारत में लघु उद्योग : विकास एवं संभावनाएँ

पहला संस्करण : 2008
पहली आवृत्ति : 2024

मूल्य : ₹795

प्रकाशक
राधाकृष्ण प्रकाशन प्राइवेट लिमिटेड
जी-17, जगतपुरी, दिल्ली-110 051
शाखाएँ : अशोक राजपथ, साइंस कॉलेज के सामने, पटना-800 006
पहली मंज़िल, दरबारी बिल्डिंग, महात्मा गांधी मार्ग, प्रयागराज-211 001
1, अनमोल सोराबजी संतुक लेन, धोबी तलाव, मरीन लाइंस, मुम्बई-400 002
वेबसाइट : www.radhakrishnaprakashan.com
ई-मेल : info@radhakrishnaprakashan.com

मुद्रक
राजकमल प्रकाशन प्रा.लि.
नई दिल्ली-110 002

BHARAT MAIN LAGHU UDYOG : Vikas Evem Sambhavnayen
Translated by Arun Prakash

प्रस्तावना

लघु उद्योग क्षेत्र का संवर्धन तथा वृद्धि हमेशा से भारतीय औद्योगिक नीति का एक प्रमुख उद्देश्य रहा है। चूँकि इस क्षेत्र ने आर्थिक क्षेत्र में संतुलित एवं निरंतर वृद्धि में महत्त्वपूर्ण भूमिका अदा की है इसलिए भारत सरकार ने सदैव इसे उच्च प्राथमिकता दी है। आज देश भर में अनुमानत: 25 लाख लघु उद्योग इकाइयाँ हैं। हमारे पूरे औद्योगिक उत्पादन में उनका योगदान 35 प्रतिशत का है। कृषि के बाद यह क्षेत्र सबसे ज्यादा रोजगार प्रदान करनेवाला है। आज कोई 1 करोड़ 45 लाख लोग इस क्षेत्र में काम करते हैं। लघु उद्योग निर्यात में भी महत्त्वपूर्ण भूमिका अदा कर रहा है और भारत के सम्पूर्ण निर्यात में उसका हिस्सा 40 प्रतिशत का है। यह क्षेत्र लगातार अपनी प्रगति क्षमता का प्रदर्शन करता आ रहा है। इसमें विविधता आई है और इसका निष्पादन भी बेहतर हुआ है। आज 7500 से अधिक उत्पाद इस क्षेत्र में बनते हैं।

1991 के मध्य में नई आर्थिक तथा औद्योगिक नीतियों की गंभीर शुरुआत हुई थी। व्यापार, वित्त तथा निवेश से जुड़े विभिन्न क्षेत्रों में कई मौलिक तथा दूरगामी सुधार लागू किये गए। उदारीकरण तथा बाजार सुधार प्रक्रिया के चलते लघु उद्योगों में वृद्धि के भारी अवसर बने हैं। इस क्षेत्र के संवर्धन के लिए किये गए उपायों को नई नीतियों से भी बल मिला है। उदाहरण के लिए, आज लघु उद्योगों को बैंकों तथा वित्तीय संस्थानों से कर्ज प्राथमिकता के आधार पर दिया जा रहा है। घरेलू करों में राहत के जरिये वित्तीय समर्थन भी उन्हें दिया जा रहा है। इस क्षेत्र में उत्पादित माल को सरकार मूल्य तथा खरीद में प्राथमिकता देती है। कई उत्पादों को इसी क्षेत्र में बनाने का संरक्षण दिया गया है। केन्द्र तथा राज्य सरकारों ने लघु उद्योग क्षेत्र की सहायता के लिए समुचित प्रभावशाली संस्थानिक ढाँचा खड़ा किया है। आज लघु उद्योग क्षेत्र को कर्ज, टैक्नोलॉजी, बुनियादी सेवाएँ, विपणन तथा सहायता से संबंधित अन्य सेवाएँ प्रदान करने के लिए कई संस्थाएँ और एजेंसियाँ कार्य कर रही हैं।

लघु उद्योग क्षेत्र आज वृद्धि और निवेश के ढेर सारे नये तथा अच्छे अवसर मुहैया करा रहा है। इस क्षेत्र पर कोई लाइसेंस या प्रतिबंध लागू नहीं है। पर्यावरण से संबंधित कुछ क्षेत्रों तथा जोखिम वाले उद्योगों को विशेष स्थलों पर लगाने की रोक को छोड़कर यह

क्षेत्र पूरी तरह विनियंत्रित है। इस क्षेत्र में अवसर की विविधता और बहुतायत है। अर्थव्यवस्था में उदारीकरण आने के बाद से लघु उद्योग क्षेत्र अब मध्यम तथा बड़े उद्योगों के साथ भी लाभप्रद संबंध बना सकता है। इसके अतिरिक्त सेवा से संबंधित उद्योग तथा नई एवं उच्चतर टैक्नोलॉजी से संबंधित लघु उद्योग क्षेत्र में निवेश की काफी स्वतंत्रता है और इसका भविष्य भी उज्ज्वल है। विपणन तथा पैकेजिंग से संबंधित लघु उद्योग क्षेत्र का भविष्य भी बहुत अच्छा दीखता है।

आज भारत में लघु उद्योग क्षेत्र में तेजी से वृद्धि हो रही है। इसकी निश्चित संभावना दीखती है कि यह क्षेत्र देश के औद्योगिक विकास में निरंतर महत्त्वपूर्ण भूमिका अदा करेगा।

केन्द्र और राज्य सरकारें इस क्षेत्र को काफी महत्त्व देती हैं तथा राज्य सरकारें इस क्षेत्र को कई किस्म की सहायता तथा सुविधाएँ दे रही हैं। इसके साथ ही भारत सरकार द्वारा इस क्षेत्र को कर्ज तथा अन्य सहायता दी जा रही है।

लघु उद्योग क्षेत्र में टैक्नोलॉजी तथा पूँजी-निवेश बढ़ने की स्थिति आ चुकी है और इस क्षेत्र में वृद्धि तेज होगी। साथ ही आगामी वर्षों में टैक्नोलॉजी में बेहतरी तथा गुणवत्ता में सुधार की प्रक्रिया निरंतर रहनेवाली है।

इस पुस्तक में भारत के लघु उद्योग क्षेत्र के बारे में समग्र जानकारी देने का प्रयास किया गया है।

भारत तथा विदेशों के स्थापित व संभावित निवेशकों को आसानी से प्रारंभिक जानकारी देना ही इसका उद्देश्य है।

के. वी. इरनीराया
विकास आयुक्त
लघु उद्योग

विषय-सूची

1 लघु उद्योग का नवस्थापन

एकक 1 लघु उद्योग : वर्षों का सफर

एकक 2 भारत का बदलता व्यापारिक परिवेश

एकक 3 बदलते व्यापारिक वातावरण का लघु उद्योगों पर प्रभाव

एकक 4 लघु उद्योग : नये रास्ते, नयी दिशाएँ

एकक-1

लघु उद्योग वर्षों का सफर

1.1.1 लघु उद्योग का परिचय

आज लघु उद्योग का भारतीय अर्थव्यवस्था में बहुत महत्त्वपूर्ण स्थान है। इसके विकास का श्रेय स्वर्गीय प्रधानमंत्री जवाहरलाल नेहरू को जाता है। नेहरूजी की कोशिश थी कि मुख्य उद्योग का विकास करने के साथ-साथ उन्हें सहारा देने के लिए लघु स्तर के उद्योगों को भी रखा जाये। लघु उद्योगों का क्षेत्र हमारी अर्थव्यवस्था का गतिशील और सक्रिय क्षेत्र बनकर उभरा है। आज हमारे यहाँ जितना उत्पादन होता है उसका लगभग 35% लघु उद्योग के क्षेत्र में होता है, और यहाँ से होनेवाले कुल निर्यात में उसका योगदान 40% से भी अधिक होता है। मूल्य युक्त की बात की जाये तो निर्माण क्षेत्र में मूल्य युक्त का 40% के लगभग इसी क्षेत्र में है। रोजगार को लें तो इस क्षेत्र का योगदान कृषि के बाद दूसरे नंबर पर आता है। इसलिए यह पैसा लगाने के लिए अर्थव्यवस्था का बहुत अच्छा क्षेत्र है।

बाक्स 1-क

लघु उद्योग के घटक

(क) **लघु उद्योग :** इनमें संयंत्र और मशीनरी (मौलिक मूल्य) में लगा पैसा 60 लाख रुपए तक होता है।

(ख) **सहायक औद्योगिक उपक्रम :** इसमें पैसा लगाने की सीमा 75 लाख रुपए होती है और इसके उत्पादन का कम से कम 50% दूसरे औद्योगिक उपक्रमों को जाना चाहिए।

(ग) **निर्यातोन्मुख इकाई :** इसमें संयंत्र और मशीनरी में लगनेवाले पैसे की सीमा 75 लाख रुपए होती है और इसे उत्पादन शुरू करने की तारीख से तीन साल का होने तक अपने उत्पादन का कम से कम 30% निर्यात करना होता है।

(घ) **अति लघु उद्यम :** इसमें संयंत्र और मशीनरी में पाँच लाख रुपए तक पूँजी लगाई जा सकती है, जगह चाहे जो भी हो।

(ङ) **लघु स्तर का सेवा तथा व्यापार उद्यम (एस एस एस बी ई) :** यह उद्योग से संबंधित सेवा तथा व्यापारिक उद्यम होता है जिसमें भूमि तथा भवनों को छोड़ कर फिक्स्ड किस्म की संपदा में पाँच लाख रुपए तक लगाए जाते हैं; इसमें भी जगह की कोई पाबन्दी नहीं है।

(च) **महिलाओं का उद्यम :** यह लघु स्तर की ऐसी इकाई होती है जिसमें एक या उससे अधिक महिलाओं का मालिकाना हक 51% से कम नहीं होता।

टिप्पणी 1 : ऊपर दी हुई उपक्षेत्र की परिभाषाओं का प्रयोग लघु उद्योग के क्षेत्र में होता है। इन सभी उपक्षेत्रों में व्यापक नीति तो एक सी लागू होती है, लेकिन कुछ ख़ास क्षेत्रों के लिए विशेष प्रोत्साहन/योजनाएँ भी हो सकती हैं।

टिप्पणी 2 : लघु स्तर का कोई उद्योग किसी और औद्योगिक उपक्रम के स्वामित्व या नियंत्रण में नहीं हो सकता, न ही वह उसका सहायक हो सकता है।

1.1.2 लघु उद्योगों की वृद्धि

पिछले तमाम वर्षों में लघु उद्योग के क्षेत्र में तेजी से वृद्धि हुई है। विभिन्न योजना अवधियों में वृद्धि की दरें बहुत बढ़िया रही हैं। लघु स्तर की इकाइयों की अनुमानित संख्या वर्ष 1980-81 में 8.74 लाख थी, जो वर्ष 1994-95 में बढ़कर 22.35 लाख हो गई। इस क्षेत्र में सातवीं योजना की अवधि तथा हाल के वर्षों में वृद्धि की जो दरें रही हैं, वह चित्र 1.1 में दिखाई गईं हैं।

तालिका 1-क (चित्र 1.2, 1.3 तथा 1.4) में लघु स्तर की इकाइयों की संख्या और उत्पादन, रोजगार तथा निर्यात के संदर्भ में उनकी उपलब्धि का आकलन दिया गया है।

वर्ष 1990-91 से इस क्षेत्र में अपेक्षाकृत वृद्धि की कम दर देखने को मिली है जो अगले दो वर्षों तक जारी रही। वैसे यह स्थिति सकारात्मक रही है और इसे अर्थव्यवस्था में आई सामान्य मंदी की पृष्ठभूमि में देखना चाहिए। आर्थिक सुधारों

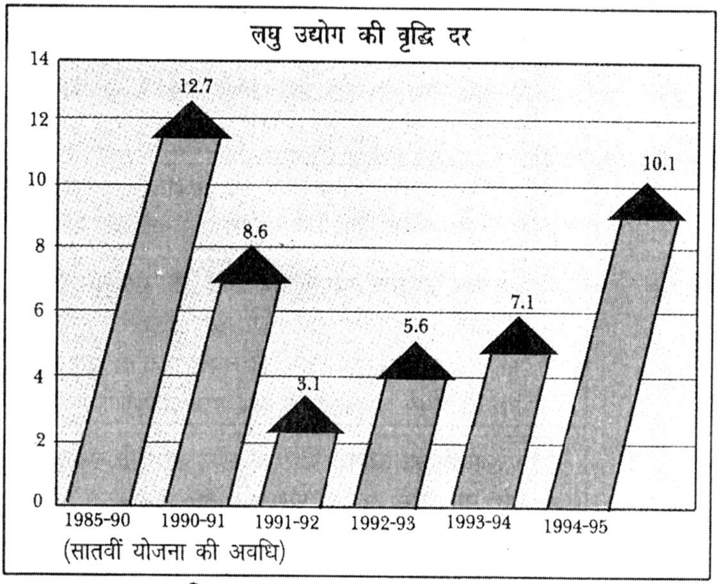

चित्र : 1-क

तालिका 1-क

उपलब्धि सूचक

वर्ष	*इकाइयों की संख्या (लाख में)*	*मौजूदा कीमतों में उत्पादन (करोड़ रु. में)*	*रोजगार (लाख में)*
1986-87	14.62	72250	101.40
1987-88	15.83	87300	107.00
1988-89	17.12	106400	113.00
1989-90	18.23	132320	119.60
1990-91	19.48	155340	125.30
1991-92	20.82	178699	129.80
1992-93	22.35	209300	134.06
1993-94	23.84	234525	139.36
1994-95	25.71	293990	146.56

की प्रक्रिया के संक्रमण काल पर विदेशी मुद्रा की कमी, कर्ज में संकुचन, माँग में मंदी, ब्याज की ऊँची दरों, कच्चे माल के अभाव जैसे प्रतिकूल कारकों का असर पड़ा। जब हम इस क्षेत्र की उपलब्धि को समूचे निर्माण तथा उद्योग क्षेत्र में हुई वृद्धि की तुलना में देखते हैं तो लघु उद्योगों के क्षेत्र के लचीलेपन में विश्वास बनता है।

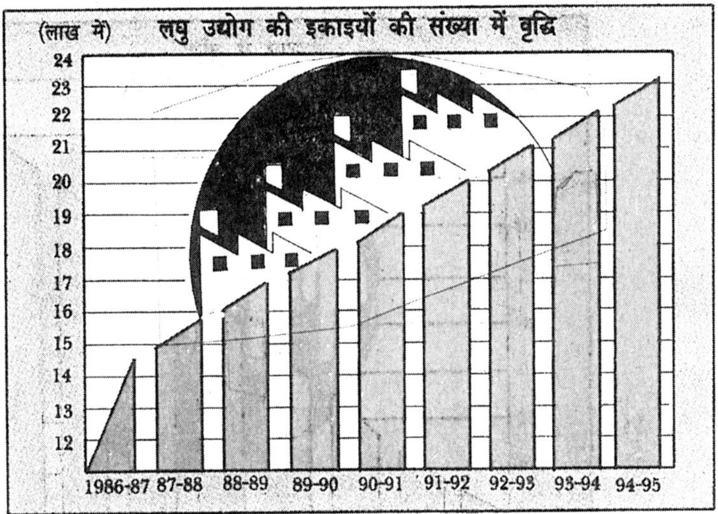

(स्रोत : तालिका 1-क) चित्र : 1.2

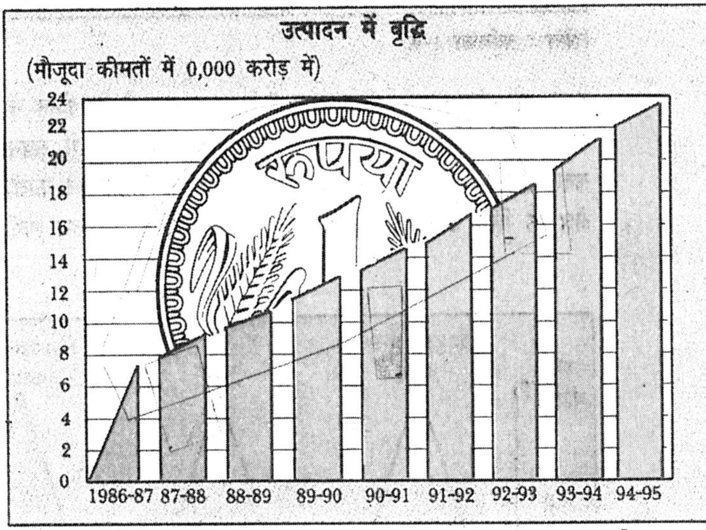

(स्रोत : तालिका 1-क) चित्र : 1.3

वर्ष 1993-94 तथा 1994-95 में अनुमानित वृद्धि में बढ़त दिखाई दी है। आनेवाले समयों में इस सकारात्मक स्थिति के और मजबूत होने की संभावना है। इससे लघु उद्योग के क्षेत्र का भविष्य उज्ज्वल हो गया है।

1.1.3 नए शिखर

आठवीं योजना की अवधि में लघु उद्योग क्षेत्र के औसत 7.8% की दर से वृद्धि

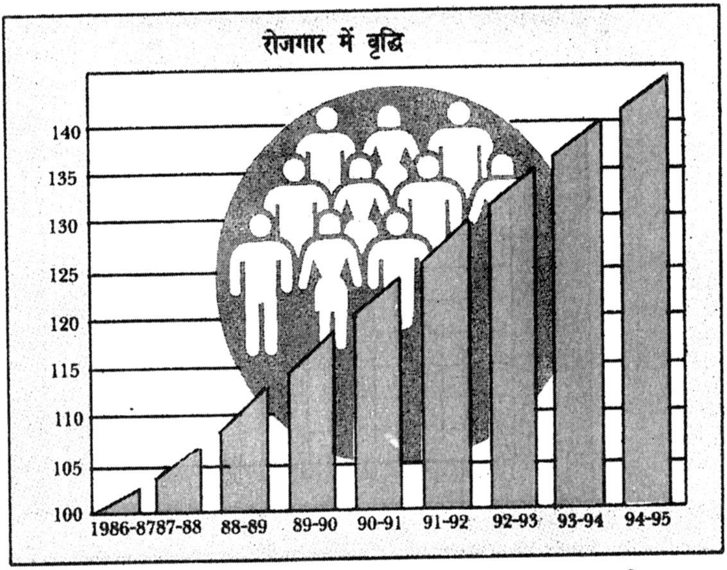

(स्रोत : तालिका 1-क)

चित्र : 1.4

करने की संभावना है। चित्र 1.5 में दिखाया गया है कि किन नए शिखरों तक अभी पहुँचना है। लेकिन यहाँ इस बात को भी ध्यान में रखना होगा कि ये लक्ष्य इस मान्यता पर आधारित हैं कि पर्याप्त अतिरिक्त कार्यशील पूँजी इस क्षेत्र के लिए आठवीं पंचवर्षीय योजना के दौरान उपलब्ध होगी।

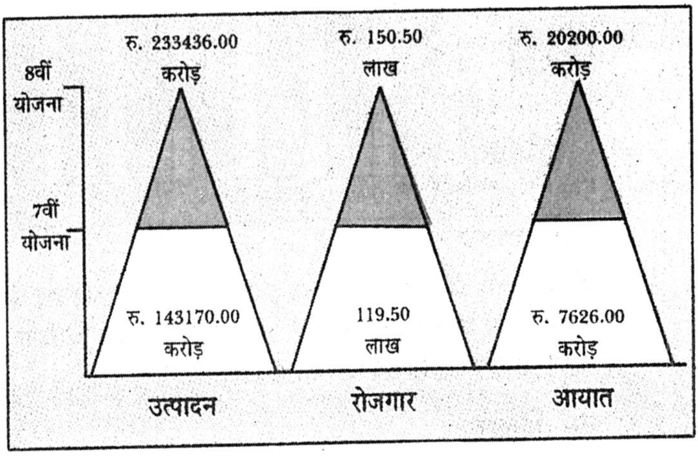

चित्र : 1.5

1.1.4 उत्पादन समूह मैट्रिक्स

लघु उद्योग क्षेत्र में कोई तेरह व्यापक उद्योग समूह हैं। इन व्यापक उद्योग समूहों के लिए बनाकर रखी गई औद्योगिक उत्पादन की सूचियों से यह बात सामने आती है कि सनराइज (सूर्योदय) उद्योग क्या हैं और किन उद्योगों पर सनसेट (सूर्यास्त) हो चुका है। तालिका 1-ख में यह विश्लेषण दिया गया है।

तालिका 1-ख

क्रम सं.	विवरण	प्रतिशत वृद्धि पिछले वर्ष के मुकाबले 1989-90	1990-91	1991-92	92-93
1.	खाद्य उत्पाद	32.06	10.52	0.54	16.56
2.	जूते, चप्पल तथा बुनाई के वस्त्र	25.48	29.87	(3.31)	16.96
3.	लकड़ी तथा लकड़ी के उत्पाद	13.56	9.73	3.16	(0.53)
4.	कागज़ तथा कागज़ के उत्पाद	7.19	11.04	3.93	18.62
5.	चमड़ा तथा चमड़े के उत्पाद	27.99	3.93	17.30	9.82
6.	रबर उत्पाद	2.14	(12.91)	5.70	7.08
7.	रसायन तथा रसायन उत्पाद	12.49	1.64	1.28	17.09
8.	अधातु खनिज उत्पाद	29.2	8.57	9.67	(12.35)
9.	मूल धातु उद्योग	0.67	5.18	13.82	2.38
10.	धातु उत्पाद	1.74	10.30	(10.50)	1.52
11.	गैर विद्युत मशीनरी तथा उपकरण	1.32	5.90	12.18	3.95
12.	विद्युत मशीनरी तथा उपकरण	12.55	2.42	6.57	6.83
13.	परिवहन उपकरण	6.15	20.39	23.28	0.85

1.1.5 लघु उद्योग क्षेत्र का निर्यात में योगदान

कुल निर्यात का लगभग 30% लघु उद्योग क्षेत्र से सीधे निर्यात होता है। सीधे निर्यात करनेवाली लघु इकाइयाँ 5000 से भी अधिक होंगी। सीधे निर्यात के अलावा, अनुमान है कि लघु उद्योग की इकाइयाँ निर्यात में 15% का अप्रत्यक्ष योगदान करती हैं। यह निर्यात व्यापारी निर्यातकों, व्यापारिक प्रतिष्ठानों और निर्यात प्रतिष्ठानों के माध्यम से होता है। अप्रत्यक्ष निर्यात बड़ी इकाइयों की ओर से निर्यात के ऑर्डर की शक्ल में या निर्यात के योग्य तैयार सामान में इस्तेमाल किए जानेवाले कलपुर्जों के निर्माण की शक्ल में भी हो सकता है। यह जानकर कई लोगों को आश्चर्य होगा कि लघु उद्योग के निर्यात का 95% से भी अधिक हिस्सा गैर-पारंपरिक उत्पादों का होता है।

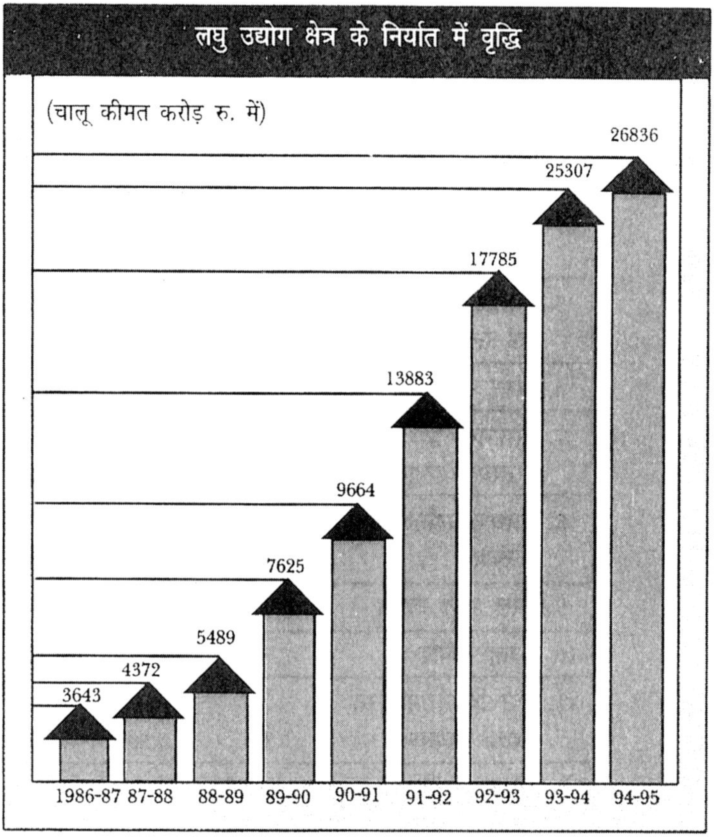

चित्र : 1.6

चित्र 1.6 में लघु उद्योग क्षेत्र में निर्यात में वृद्धि दिखाई गई है।

तालिका 1-ग

उत्पाद	*कुल निर्यात में लघु उद्योग का %*
खेल का सामान	100
सिलेसिलाए वस्त्र	90
संसाधित, बुने हुए वस्त्र	35
प्रसंस्कृत खाद्य सामग्री	65
समुद्री उत्पाद	29
चमड़ा उत्पाद	80
प्लास्टिक उत्पाद	45
सौंदर्य प्रसाधन, मूल रसायन तथा औषधियाँ	55
इंजीनियरिंग का सामान	30

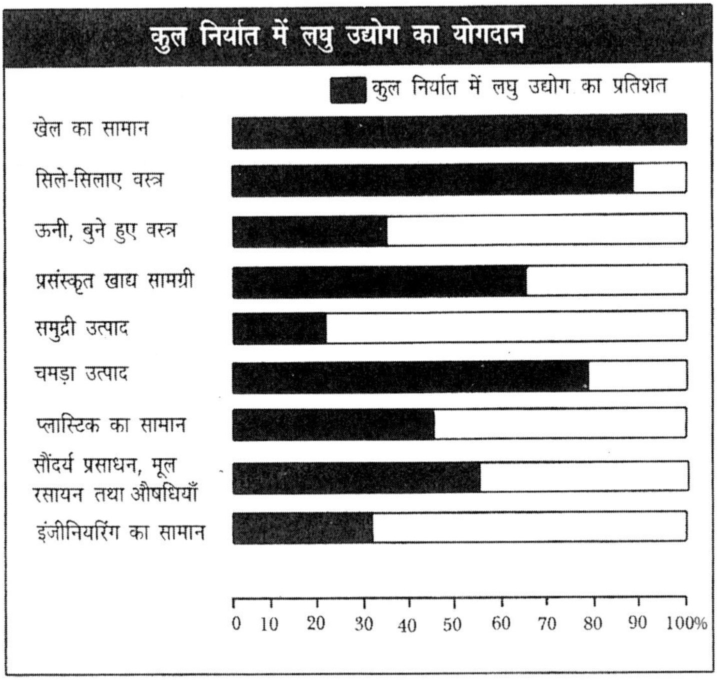

(स्रोत : तालिका 1-ग) चित्र : 1.7

जिन लाभकारी उत्पादन समूहों में लघु उद्योग क्षेत्र निर्यात में अग्रणी है वे हैं खेल का सामान, सिले-सिलाए वस्त्र, ऊनी वस्त्र और बुने हुए वस्त्र, प्लास्टिक के सामान, प्रसंस्कृत खाद्य सामग्री और चमड़े का सामान। यह विश्लेषण चित्र 1.7 में प्रस्तुत किया गया है।

लघु उद्योग क्षेत्र में निर्यात के लाभकारी सामान के निर्यात की महत्ता को तालिका 1-घ में दिखाया गया है। इन क्षेत्रों में प्रौद्योगिक तथा निर्यात गठबंधनों में पैसा लगाने के लिए अनिवासी भारतीयों तथा विदेशी निवेशकों के लिए अच्छे अवसर हैं।

कुल मिलाकर लघु उद्योग क्षेत्र का काम बहुत ही अच्छा रहा है और इसने हमारे देश को व्यापक पैमाने पर औद्योगिक वृद्धि तथा विविधता को प्राप्त करने के

तालिका 1-घ

उत्पाद	*वर्तमान कीमतों पर लघु उद्योग निर्यात (1992-93) (करोड़ रु.)*
साइकिल तथा कल पुर्जे	255
मोटर के पुर्जे	130
औद्योगिक संयंत्र तथा मशीनरी	230
समुद्री उत्पाद	507
चमड़े के जूते-चप्पल तथा चमड़े के उत्पाद	2954
सिले-सिलाए वस्त्र	7957
बुने हुए वस्त्र तथा ऊनी परिधान	208
प्रसंस्कृत खाद्य पदार्थ	840

लायक बना दिया है। लघु उद्योगों में पूँजी कम लगती है और अधिक मजदूरों की आवश्यकता होती है, इसलिए इस क्षेत्र ने रोजगार पैदा करने तथा देहातों को औद्योगिक बनाने की दिशा में अहम योगदान किया है। यह क्षेत्र ऐसा है जो प्रौद्योगिकी, पूँजी तथा विपणन (खरीदने-बेचने) के नए-नए तरीकों का इस्तेमाल करके हमारे यहाँ के पारंपरिक हुनर और ज्ञान को और समृद्ध करने के सर्वथा अनुकूल है।

सरकार की प्रोन्नत करने तथा संरक्षण देनेवाली नीतियों ने अनेक उत्पादों, विशेषकर उपभोक्ता सामग्री के उत्पादन में इस क्षेत्र की उपस्थिाति को सुनिश्चित कर दिया है। फिर भी पूँजी, प्रौद्योगिकी तथा विपणन में कमी इस क्षेत्र को अनाकर्षक बनाते हैं। इसलिए उदारीकरण की प्रक्रिया में इस क्षेत्र में इन्हीं तत्त्वों को शामिल किए जाने का आकर्षण रहेगा।

इसलिए यह सही अवसर है कि लघु उद्योग क्षेत्र में परियोजनाएँ लगाई जाएँ।

एकक-2

भारत का बदलता व्यापारिक परिवेश

1.2.1 भारत में आर्थिक सुधार

भारत के व्यापारिक परिवेश में जुलाई 1991 से काफी बदलाव हुए हैं। जैसा कि पहले नहीं हुआ था, इस बार सुधार चौतरफा हैं; उनमें घरेलू तथा बाहरी दोनों क्षेत्र शामिल रहे हैं। आर्थिक सुधारों के व्यापक दायरे में सरकार की व्यापारिक, औद्योगिक तथा निवेश संबंधी नीतियों तक में बड़े बदलाव आ गए हैं। विश्व बाजारों के साथ मेल तथा उदारीकरण और घरेलू नियंत्रण के ढीले होने के परिणामस्वरूप सुधारों की प्रक्रिया में तेज़ी आई है। आज, भारतीय अर्थव्यवस्था इन नए अवसरों का लाभ उठाने को तैयार है।

औद्योगिक क्षेत्र में नियंत्रण हटने, विदेशी निवेश तथा प्रौद्योगिकी को प्राप्त करने की अधिक छूट होने और प्रशासनिक रुकावट हटने से एक दमदार तथा अंतर्राष्ट्रीय स्तर पर होड़ कर सकने लायक औद्योगिक क्षेत्र के लिए आधार बन गया है। व्यापारिक सुधारों तथा प्रोत्साहनों के ढाँचे से क्षमता तथा स्तर को और भी बढ़ाने की प्रेरणा मिलेगी।

सबल स्वदेशी प्रौद्योगिक क्षमताओं तथा कुशल कारीगरों की विशाल संख्या वाले एक व्यापक तथा बिखरे औद्योगिक आधार के चलते यह स्थिति संभव हुई है।

बॉक्स 1-ख
भारत में आर्थिक सुधारों के प्रमुख महत्त्वपूर्ण तत्त्व

उद्योग

1. रक्षा तथा रणनीतिक महत्त्व, सुरक्षा तथा पर्यावरण से संबंधित सोलह उद्योगों को छोड़कर अन्य तमाम उद्योगों पर से लाइसेंस हटाया गया। रक्षा अथवा रणनीतिक कारणों से केवल छः उद्योगों को सरकारी क्षेत्र के लिए आरक्षित रखा गया।
2. उच्च प्राथमिकता वाले 35 क्षेत्रों में 51% तक के विदेशी इक्विटी निवेश के लिए स्वतःस्वीकृति।
3. जिन निवेश प्रस्तावों को स्वतःस्वीकृति का विशेषाधिकार प्राप्त है उन्हें छोड़कर और तमाम किस्म के निवेश के प्रस्तावों पर विचार करने के लिए एक विदेशी निवेश प्रोन्नति परिषद (एफआईपीबी) का गठन।
4. उपभोक्ता सामग्री क्षेत्र में आनेवाले खास-खास उद्योगों को छोड़कर अन्य किसी में एफडीआई की स्वीकृति पर आधारित लाभांश की कोई शर्त नहीं।
5. विदेशी मुद्रा विनियमन अधिनियम (फेरा) तथा एकाधिकार एवं प्रतिबंधित व्यापार व्यवहार (एमआरटीपी) अधिनियम में अत्यधिक उदारीकरण।
6. अधिकांश औद्योगिक क्षेत्रों में प्रत्यावर्तन के पूर्ण अधिकारों के साथ, अनिवासी भारतीयों को 100% इक्विटी के निवेश की अनुमति।
7. विदेशी ट्रेड मार्क के इस्तेमाल की छूट।
8. देश के औद्योगिक रूप से पिछड़े प्रदेशों तथा जिलों में नए उद्योगों के लिए पाँच वर्ष तक करों की छूट।

व्यापार

9. 1992 में रुपए की आंशिक परिवर्तनीयता तथा 1994 में चालू खाते पर पूर्ण परिवर्तनीयता।
10. निर्यात-आयात नीति को स्थिरता दी गयी।
11. कतिपय उत्पादों को छोड़कर अन्य के आयात-निर्यात पर नियंत्रण में उदारीकरण।

12. आयात टैरिफ में सभी समूहों में कटौती। अधिकतम टैरिफ दरों को 65% पर लाया गया। पूँजीगत सामान पर आयात ड्यूटी घटाई गई।

13. प्रमुख कमोडिटी (पण्य) में प्रतिबंध हटाए गए।

14. निर्यात बढ़ाने के उद्देश्य से उद्योग तथा सेवाओं के लिए निर्यात प्रोन्नयन पूँजीगत सामग्री योजना।

15. इलेक्ट्रॉनिक क्षेत्र में 100% एफडीआई की छूट तथा अन्य आकर्षक लाभों वाली इलेक्ट्रॉनिक हार्डवेयर टैक्नोलॉजी पार्क (ईएचटीपी) योजना को लागू किया गया।

16. बैंकों द्वारा निर्यात ऋण स्तर को कुल बैंक ऋण के 10% तक बढ़ाया गया।

17. नए गैट समझौते पर हस्ताक्षर।

18. 1994-95 में डॉलर मुद्रा में निर्यात में लगभग 20% की अच्छी वृद्धि। व्यापार घाटे में कमी। विदेशी मुद्रा भंडार में पर्याप्त राशि।

वित्तीय सुधार

19. बैंकों के ऋण देने के नियम उदार किये गए।

20. कर्ज तथा इक्विटी के लिए बैंक पूँजी बाजारों से संपर्क कर सकते हैं। बैंकों के विदेशी संस्थागत निवेशकों से 20% तक तथा अनिवासी भारतीयों से 40% तक पूँजी उगाहने की छूट।

पूँजी बाजार के सुधार

21. भारतीय कंपनियों को अंतराष्ट्रीय पूँजी बाजारों में जाने की छूट।

22. विदेशी संस्थागत निवेशकों को भारतीय पूँजी बाजार में पैसा लगाने की छूट

23. निजी म्यूचुअल फंड की छूट।

करों में सुधार

24. कम्पनी करों में कमी की गयी।

25. इक्साइज ड्यूटी की दरों में मध्यम स्तर तक कमी और ड्यूटी के ढाँचे को तर्कसंगत बनाना।

1.2.2 आर्थिक सुधार लघु उद्योगों के क्षेत्र में भी

लघु उद्योग विभाग तथा विकास आयुक्त कार्यालय (लघु उद्योग) ने विभिन्न नीतिगत उपायों को लागू करने के लिए कदम उठाए हैं तथा लघु उद्योग क्षेत्र के लिए अनुकूल तथा सहायक वातावरण बनाने की दिशा में अनेक उपाय किए हैं। उनका पहला प्रयास यह रहा है कि ऐसी परिस्थितियाँ पैदा की जाएँ जिनमें नए सुधारों के परिणामस्वरूप बने अवसरों का लाभ लघु उद्योग उठा सकें। लघु उद्योग लगानेवाले उद्यमियों के लिए लाभकारी ऐसे कुछ उपाय नीचे दिये गए हैं।

आर्थिक सुधार की प्रक्रिया के क्रम में कुछ नीतिगत उपाय किए गए जिनका उद्देश्य लघु उद्योगों को बढ़ावा देना तथा मजबूत करना था। 6 अगस्त 1991 को लागू किए गये एकमुश्त नीतिगत उपायों का ब्यौरा इस पुस्तक के खंड दो में दिया गया है।

क. प्रशासनिक सुधार

प्रशासन को स्वच्छ बनाने का काम इसलिए किया गया कि निवेशक के अनुकूल एक ऐसी प्रणाली बनाई जा सके जिससे उद्यमियों के लिए और अवसर खुलें, उनके लिए अड़चनें पैदा न हों।

बॉक्स 1-ग

महत्त्वपूर्ण प्रशासनिक सुधार

- लघु उद्योग क्षेत्र में अब उत्पादन में कोई लाइसेंस या प्रतिबंध नहीं लगाया जाता। स्थान के प्रतिबंधों को भी न्यूनतम कर दिया गया है।
- उद्योग से संबंधित सेवा एवं व्यवसाय एककों को लघु उद्योग विकास कार्यक्रम की परिधि में ले आया गया है।
- लघु उद्योगों के रजिस्ट्रेशन (पंजीकरण) की प्रक्रिया को उदार तथा अत्यधिक सरल कर दिया गया है। निवेशक के अनुकूल तथा सरल रजिस्ट्रेशन फार्म बनाए गए हैं।

- लघु उद्योगों में नियम-शर्तों की प्रणाली को खत्म करके आत्म-अनुशासन तथा ऐच्छिक नियम पालन के युग को लाने के लिए श्रम कानून के पालन में परिवर्तन।

- लघु उद्योगों को पर्यावरण की दृष्टि से उचित होने का प्रमाणपत्र देने की प्रक्रिया को तर्कसंगत तथा आसान किया गया।

- एक्साइज टैक्स (उत्पाद कर) की प्रणाली के प्रशासन की प्रक्रिया को आसान किया गया।

ख. विलंबित भुगतानों पर ब्याज

विलंबित भुगतानों की समस्या को खत्म करने की लघु उद्योग क्षेत्र की लंबे अरसे से चली आ रही माँग को ध्यान में रखते हुए, 2 अप्रैल 1993 को एक अधिनियम बनाया गया। इसमें लघु उद्योगों के लिए यह प्रावधान है कि वे बकाया भुगतानों पर ब्याज की दंडस्वरूप दर वसूल कर सकते हैं, अगर ये भुगतान सहमति की या नियत तिथि के बाद भी बकाया रहते हैं। इससे नकदी के प्रवाह को बढ़ाने में अत्यधिक मदद मिलेगी और बड़े उद्योगों के हथकंडों से भी राहत मिलेगी।

ग. बड़े सहयोगियों तथा छोटे सहयोगियों के बीच संबंध

उदारीकरण के चलते बड़े तथा छोटे उद्योगों को साथ-साथ चलना होगा। एक दूसरे पर निर्भर रहे बिना तथा दमदार संबंध बनाए बिना उद्योग जीवित नहीं रह सकते। लघु उद्योग क्षेत्र में टैक्नोलॉजी का स्तर बढ़ाने तथा पूँजी के प्रवाह को प्रोत्साहन देने के लिए यह प्रावधान किया गया है कि दूसरे औद्योगिक उपक्रम लघु उद्योग में 24% तक इक्विटी निवेश कर सकते हैं।

घ. नई ऋण नीतियाँ

लघु उद्योग क्षेत्र के लिए वर्तमान में जो ऋण नीतियाँ हैं उनकी समीक्षा की गई। इसका निष्कर्ष यह निकला कि अपर्याप्त ऋण तथा ब्याज की ऊँची दरें लघु उद्योगों के लिए चिंता का विषय हैं। ऐसा इसलिए है कि यह क्षेत्र पूँजी बाजार से कोई कोष न मिलने के कारण पूरी तरह से संस्थाओं के ऋणों पर निर्भर है।

पुनर्वित्त साधन (फिर से आर्थिक सहायता देने) वाले एक शीर्ष बैंक, भारतीय लघु उद्योग विकास बैंक (एसआईडीबीआई) का गठन 1990 में किया गया। इसका लक्ष्य अकेले लघु उद्योग क्षेत्र की कर्ज संबंधी आवश्यकताओं पर ध्यान देना था। कुल बैंक ऋण का लगभग 15% लघु उद्योग क्षेत्र के लिए सुनिश्चित किया जाता है। इसके

लिए प्राथमिकता क्षेत्र के ऋणदान को माध्यम बनाया जाता है। नई ऋण नीतियाँ इस तरह बनाई गईं कि लघु उद्योगों को संस्थागत ऋण पर्याप्त रूप से मिलता रहे।

भारतीय रिजर्व बैंक ने भी लघु उद्योग के लिए कुछ नई ऋण नीतियों की घोषणा की है। इसकी प्रमुख विशेषताएँ बॉक्स 1-घ में दी गई हैं :

बॉक्स 1-घ

लघु उद्योग के लिए भारतीय रिजर्व बैंक की नई ऋण नीतियाँ

- रु. 100 लाख की कोष आधारित कार्यशील पूँजी की जरूरत वाली लघु उद्योग इकाइयाँ प्रदर्शित वार्षिक आय के न्यूनतम 20% के आधार पर निर्धारित कार्यशील पूँजी की सीमाओं के लिए उपयुक्त हैं। यह बात नई तथा पुरानी दोनों इकाइयों पर लागू होगी।
- लघु उद्योग क्षेत्र में ऋण का प्रवाह नवीं पंचवर्षीय योजना के दौरान बढ़ाया जाएगा। लघु उद्योग क्षेत्र के लिए बैंक वार्षिक ऋण बजट बनाएँगे।
- लघु उद्योग की समस्याओं से निपटने के लिए प्रत्येक बैंक में एक प्रभावी शिकायत निपटान तंत्र स्थापित किया जाएगा।
- बैंक पूरी ईमानदारी से एकल खिड़की योजना को अपनाएँगे तथा लागू करेंगे। पर्याप्त औद्योगिक घनत्व वाले 85 जिलों में से 23 में लघु उद्योग के लिए पैसों का प्रबंध करनेवाली प्रधान एजेंसी के रूप में राज्य वित्तीय निगम (एसएफसी) कार्य करेंगे। पर्याप्त औद्योगिक घनत्व वाले जिले वे हैं जिनमें लघु उद्योग की 2000 से अधिक पंजीकृत इकाइयाँ हैं। ये निगम एकल खिड़की योजना के तहत लघु उद्योगों की कार्यशील पूँजी संबंधी तथा सावधि ऋण की आवश्यकताओं को पूरा करेंगे। कमर्शियल बैंक शेष 62 जिलों तथा देश के अन्य भागों में भी एकल खिड़की योजना के तहत पैसों का प्रबंध करनेवाली प्रधान एजेंसी होंगे। कमर्शियल बैंक लघु उद्योगों के अधिक घनत्व वाले इलाकों में भी विशेष अथवा समर्पित शाखाएँ खोलेंगे।
- संयंत्र तथा मशीनरी में 60 लाख रुपए तक के निवेश वाले संपूर्ण लघु उद्योग क्षेत्र को प्राथमिक क्षेत्र के ऋणदान में शामिल किया गया है। लघु उद्योग खंड के तहत कम से कम 40% ऋण कुटीर उद्योग, केवीआईसी इकाइयों, दस्तकारों तथा अति लघु उद्योगों या पाँच लाख रुपए की ऋण सीमा वाले दूसरे लघु उद्योगों को दिया जाएगा।
- लघु उद्योग में बीमार इकाइयों की परिभाषा में समस्या से शुरुआती स्थिति में ही निपट लेने की बात शामिल की गई। बीमार किंतु लाभ दे सकनेवाली लघु इकाइयों को फिर से चालू करने की पेशकश को और भी आकर्षक बनाया गया।

एकक-3

बदलते व्यापारिक परिवेश का लघु उद्योगों पर प्रभाव

• • • • • • •

1.3.1 उदारीकरण का प्रभाव

नई आर्थिक नीतियों अथवा आर्थिक सुधार कार्यक्रमों के दायरे में औद्योगिक व्यापार, वित्तीय तथा मुद्रा संबंधी नीतियाँ आ जाती हैं। इससे निश्चय ही उद्योग में दूरगामी बदलाव की स्थिति बनेगी। लेकिन उद्योग की पुनर्रचना की प्रक्रिया की शुरुआत अभी-अभी हुई है। संक्रमण काल में मंदी का दौर भी आया तथा कुछ प्रतिकूल बातें, मसलन कर्ज का कम उपलब्ध होना, आयात में कमी तथा ब्याज की ऊँची दरें आदि भी देखने को मिलीं। ऐसा समायोजन प्रक्रिया के चलते हुआ। लघु उद्योग क्षेत्र में उदारीकरण का प्रभाव आनेवाले सालों में भी देखने को मिलेगा।

देश के विशाल औद्योगिक/आर्थिक आधार तथा माँग के अनेक स्तरीय ढाँचे को देखते हुए, इस बात की संभावना नहीं बनती कि आगे चलकर इस प्रक्रिया का लघु उद्योग पर उलटा असर पड़ेगा। वैसे लघु उद्योग क्षेत्र में समय के साथ चलने का गुण जितना मौजूद है, उसी के अनुसार वह इसका लाभ उठा सकेगा। वैसे यह इस पर भी निर्भर करेगा कि लघु उद्योग क्षेत्र को प्रोत्साहन देने तथा

सहारा देनेवाली संस्थाएँ कितनी व्यापक और सक्षम हो पाती हैं।

लघु उद्योग क्षेत्र की प्रतिक्रिया तथा बदलते व्यापारिक परिवेश में अपने को ढालने की इसकी क्षमता का आकलन करने के लिए लघु उद्योग का एस.डब्ल्यू.ओ.टी. विश्लेषण किया जाता है। आगे इसी विश्लेषण को प्रस्तुत किया गया है।

बाक्स 1-च
विश्लेषण

अवसर :
➤ गुणवत्ता, सक्षमता तथा बेहतर टैक्नोलॉजी पर बल
➤ कंट्रोल राज की समाप्ति
➤ कच्चे माल तथा अन्य सामग्रियों की विविधता और उपलब्धता
➤ वर्जित क्षेत्रों में काम करने का अवसर
➤ पुनर्रचना तथा नये क्षेत्रों में घुसने का अवसर
➤ निर्यात
➤ मध्यम तथा बड़े उद्योग से जुड़ाव का मौका

शक्ति :
लघु उद्योग में शक्तियाँ और गुण मौजूद हैं और उनके लाभ ये हैं :
➤ तुरंत निर्णय लेने की क्षमता
➤ लचीली उत्पादन प्रणाली
➤ नई-नई पद्धतियाँ तथा विशेषज्ञता
➤ फरमाइशी उत्पादन संभव
व्यावहारिक रूप से ये लाभ तब होते हैं, जब ये इकाइयाँ बेहतर तैयार माल, बेहतर टैक्नोलॉजी तथा गुणवत्ता नियंत्रण को अपनाती हैं।

कमजोरियाँ :

लघु उद्योगों को इन क्षेत्रों में संसाधनों की कमी महसूस होती रहती है :

- पूँजी तक सीमित पहुँच तथा पूँजी हासिल करने में ऊँची लागत का लगना
- सूचना और बाजार तक सीमित पहुँच
- अपर्याप्त प्रबंधकीय संसाधन
- सहायता सेवाओं के लिए दूसरों पर निर्भरता

इसलिए आधुनिक लघु उद्योग इकाइयों को प्रोत्साहन देनेवाली स्थायी प्रणाली यह होगी कि इन उद्योगों को विभिन्न समर्थन सेवाएँ देने के लिए समुचित संस्थानिक प्रबंध किया जाए।

जोखिम :

- बढ़ती, विशेषकर उपभोक्ता सामानों के क्षेत्र में, प्रतियोगिता
- संस्थाओं से कर्ज लेने में मुश्किल तथा ब्याज की दर भी ऊँची
- पिछड़े क्षेत्रों में स्थित होने के चलते स्वाभाविक कमजोरी
- रोजगार के अवसरों को घटाने का जोखिम
- स्थानीय देसी टैक्नोलॉजी यानी लघुतम उद्योगों तथा कुटीर उद्योग के लिए समस्या
- आधुनिक प्रबंधकीय प्रणाली, सूचना तथा नई टैक्नोलॉजी की पहुँच लघु उद्योग तक कम होती है
- लघु उद्योग तथा बड़े उद्योग के बीच संपर्क में बाधा है—लघु उद्योग में अपर्याप्त मानकीकरण, विशेषकर उत्पादों, प्रक्रियाओं, अवयवों, पुर्जों आदि में

1.3.2 आवश्यक नये कदम :

व्यापारिक वातावरण में नये बदलाव से उद्योग और सरकार का रुख बदलेगा। उपर्युक्त विश्लेषण से उभरनेवाले नये कदम उद्यमियों, संस्थाओं तथा सरकारों की ऊर्जा को आकर्षित करेंगे। ये आवश्यक नये कदम निम्नलिखित हैं :

(क) टैक्नोलॉजी में बेहतरी की ज़रूरत

अर्थव्यवस्था में खुलापन आने से लघु उद्योग क्षेत्र में टैक्नोलॉजी में लगातार बेहतरी लाने की जरूरत होगी। दूसरी तरफ नीतियों में यह गुंजाइश बनानी होगी कि नई टैक्नोलॉजी प्राप्त करने तथा आधुनिकीकरण को बढ़ावा मिले। इसके लिए टैक्नोलॉजी ट्रांसफर, संयुक्त उपक्रम, बेहतर उत्पाद को नई टैक्नोलॉजी देनेवाली कंपनी द्वारा खरीद, उपठेकेदारी आदि के रूप में नई टैक्नोलॉजी तथा पूँजी को लघु उद्योग क्षेत्र में लाया जा सकता है। लघु उद्योग क्षेत्र में पूँजी निवेश की सीमा के चलते यह क्षेत्र उतना अधिक विकास नहीं कर पाया। हाँ, लघु उद्योग क्षेत्र का विस्तार लगभग 7500 उत्पादों तक जा पहुँचा है। इसलिए इस क्षेत्र में विशेषज्ञता तथा हुनर भारी मात्रा में मौजूद है। यदि इस क्षेत्र में नई टैक्नोलॉजी लगातार आये तो इस क्षमता का बड़ा लाभ उठाया जा सकता है। अब इसका उपयुक्त समय आ गया है। भविष्य में बड़े उद्योगों के लिए जरूरी पुर्जे तथा हिस्से बनानेवाला सबसे बड़ा क्षेत्र लघु उद्योग ही होगा, विशेषकर तब ज़ब बड़े उद्योग विकसित होकर अन्तर्राष्ट्रीय स्तर प्राप्त करेंगे। इसलिए लघु उद्योगों को टैक्नोलॉजी के क्षेत्र में संस्थानिक समर्थन की जरूरत पड़ेगी। लघु उद्योग नई टैक्नोलॉजी के बूते ही समुचित प्रतियोगिता कर सकेंगे।

(ख) पर्याप्त संस्थागत ऋण

टैक्नोलॉजी और पूँजी के प्रवाह में घनिष्ठ संबंध होता है। अगर लघु उद्योग को समुचित मात्रा में ऋण न मिले तो कई तरह से उसका विकास रुक जाता है। यह क्षेत्र पूँजी बाजार से भी पूँजी उगाह नहीं सकता और अगर संस्थाओं से उन्हें कर्ज न मिले तो उन्हें पुराने सूदखोरों के पास जाना पड़ता है, जो काफी ऊँचे ब्याज पर कर्ज देते हैं।

बैंक लघु उद्योगों को प्राथमिकता के अन्तर्गत कर्ज देते हैं। आज बैंकों का लगभग 15% कर्ज लघु उद्योगों को मिल रहा है। हाल में सरकार ने लघु उद्योगों को दिये जानेवाले कर्ज से संबंधित व्यापक नीतियों की घोषणा की है। इसके बावजूद पर्याप्त कर्ज, विशेषकर लघुतम तथा कुटीर उद्योगों को, नहीं मिल पाया है। बैंकों से जारी कार्यशील पूँजी (वर्किंग कैपिटल) के लिए कर्ज में से सिर्फ 8

प्रतिशत कर्ज लघु उद्योगों तक पहुँच पाता है। इस समस्या को ध्यान में रखते हुए यह निर्णय लिया गया है कि लघु उद्योगों को उनके अनुमानित वार्षिक टर्न ओवर (लेन-देन) का कम से कम 20 प्रतिशत कार्यशील पूँजी के रूप में दिया जाये। इसी तरह बैंकों को मार्गदर्शन दिया गया है कि सभी लघुतम इकाइयों को 10 लाख तक की कार्यशील पूँजी दी जा सकती है। इसके लिए बैंक लघु उद्योग क्षेत्र की कार्यशील पूँजी की जरूरत के लिए वार्षिक बजट बनाये तथा उसे लागू करे। एक और बड़ी समस्या यह है कि बैंकों की शाखाएँ लघु उद्योगों को अग्रिम देने में हिचकिचाती हैं। आम तौर पर बैंक मानते हैं कि छोटी फर्मों को एडवांस देने में जोखिम है और उसमें संतरण लागत (ट्रांजिशन कॉस्ट) भी ज्यादा आती है। कर्ज देने में महत्त्वपूर्ण बात यह है कि कर्ज पर्याप्त मात्रा में मिले तथा समय पर मिले। ब्याज की दर का इतना महत्त्व नहीं होता। इसलिए लघु उद्योग को कर्ज प्राथमिकता क्षेत्र के रूप में ही देना होगा और इस नीति को प्रभावशाली ढंग से लागू करना होगा। यह भी सुनिश्चित करना होगा कि कर्ज की रकम उत्पादन में वृद्धि के साथ-साथ बढ़ा दी जाये।

हाल में सरकार तथा वित्तीय संस्थाओं ने कुछ ऐसे उपाय शुरू किये हैं जिससे पूँजी जुटाने का विकल्प भी हो। इसका एक उदाहरण है–ओवर द काउंटर एक्सचेंज ऑफ इंडिया (ओ.टी.सी.ई.आई.) द्वारा छोटे शेयरों के व्यापार की शुरुआत। आढ़तिया सेवाओं की स्थापना में वृद्धि हो रही है जो एक अच्छा लक्षण है। कुछ निजी आढ़ती कंपनियाँ भी मैदान में आ गई हैं। उद्यम पूँजी (वेंचर कैपिटल) एक नई सूझ है। टैक्नोलॉजी आधारित लघु उद्योग की इकाइयाँ और उद्योग में पहली बार उतरनेवाले उद्यमी भी इन क्षेत्रों में प्रवेश के लिए इच्छुक हो सकते हैं जिनकी सहायता उद्यम पूँजी से की जा सकती है। इस सूझ को सार्वजनिक और निजी दोनों क्षेत्रों में व्यापक रूप से लागू किये जाने की आवश्यकता है। उद्यम पूँजी फंड से नई इकाइयों को अनेक प्रकार की सहायता दी जा सकती है। उद्यमी के साथ सीमित भागीदारी की स्थापना भी हो सकती है।

(ग) बुनियादी संरचना (इन्फ्रास्ट्रक्चर) की आवश्यकता को पूरा करना

उद्योगों, विशेषतः पिछड़े इलाकों में स्थित उद्योगों के संवर्धन, प्रोत्साहन के लिए बुनियादी संरचना का विकास महत्त्वपूर्ण है। पिछड़े क्षेत्रों के लिए कर अवकाश योजना प्रधानतः बड़े और मँझोले उद्योगों के लिए है। ऐसी योजनाएँ लघु तथा ग्रामीण उद्योगों के लिए लाभकारी नहीं हैं। बुनियादी संरचना की कमी को पूरा करने के लिए केन्द्र सरकार द्वारा विकास केन्द्र योजना (ग्रोथ सेंटर स्कीम) लागू

की जा रही है। एस.आई.डी.ओ. (सीडो) ने हाल में लघु उद्योगों को समर्थन देने के लिए एक नई स्कीम, एकीकृत बुनियादी संरचना विकास (इंटिग्रेटेड इन्फ्रास्ट्रक्चर डेवेलपमेंट) शुरू की है।

बुनियादी संरचना (इन्फ्रास्ट्रक्चर) में गुणवत्ता में सुधार करने के लिए भारी निवेश की जरूरत पड़ेगी। इसके लिए निजी क्षेत्र से भी कहा जायेगा।

(घ) सूचना की जरूरत को पूरा करना

समय पर प्राप्त सूचना के महत्त्व को नकारा नहीं जा सकता। लघु उद्योग क्षेत्र के पास ऐसा संसाधन नहीं है कि वह खुद सूचनाएँ जुटा ले। सूचना प्राप्त करने में आनेवाली लागत काफी ऊँची होती है और प्रतियोगिता के इस युग में यह काम विशेषज्ञता का दर्जा हासिल करता जा रहा है। लघु उद्योग क्षेत्र के पास सूचना की कमी को इस क्षेत्र को संस्थानिक समर्थन (इंस्टिट्यूशनल सपोर्ट) देकर ही पूरा किया जा सकता है। लघु उद्योगों को टैक्नोलॉजी, बाजार, निर्यात तथा अन्य सूचनाओं से संबंधित ताजा आँकड़ों की जरूरत होती है।

(च) रोजगार सृजन

लघुतम क्षेत्र स्थानीय समर्थन तथा जरूरतों से जुड़े होते हैं। उद्यमशीलता तथा रोजगार सृजन को प्रोत्साहित करने का सीधा जरिया यह क्षेत्र है। इनमें ऊर्जा की खपत कम होती है इसलिए ये पर्यावरण के अनुकूल हैं। साथ ही ये आम तौर पर ग्रामीण एवं पिछड़े इलाकों में ही स्थित होते हैं। रोजगार सृजन की रणनीति के केन्द्र में रोजगार के अवसरों में निरंतर वृद्धि को रखना होगा। लघुतम उद्योग (टाइनी एंड माइक्रो) इसके लिए सबसे अधिक उपयुक्त हैं और रोजगार के सर्वाधिक अवसर पैदा कर सकते हैं। इसलिए रोजगार सृजन की समुचित रणनीति में लघुतम उद्योग प्रमुख भूमिका अदा कर सकते हैं। इस उद्देश्य को पूरा करने के लिए अलग से संसाधन जुटाकर देना होगा। इसका एक अच्छा उदाहरण प्रधानमंत्री की रोजगार योजना है। इसके बारे में इसी पुस्तक में अन्यत्र चर्चा की गई है।

एकक-4

लघु उद्योग : नये रास्ते नयी दिशाएँ

1.4.1 मौजूदा माहौल में क्या हो ?

यह पूर्णतः स्पष्ट है कि नई वास्तविकता को देखते हुए लघु उद्योग क्षेत्र की पुनर्रचना और पुनर्स्थापना के लिए सचेत प्रयास की जरूरत है। यह प्रक्रिया भविष्योन्मुखी होगी और लघु उद्योगों के लिए उपलब्ध प्रोत्साहनों और सुविधाओं के पैकेज को नया रूप देने से ही इस प्रक्रिया की शुरुआत हो सकती है। यह मानी हुई बात है कि लघु उद्योग क्षेत्र में विविध विशेषताओं तथा आवश्यकताओं वाले विभिन्न उपक्षेत्र मौजूद हैं। इसलिए लघु उद्योग के प्रत्येक उपक्षेत्र (सब सेक्टर) के लिए विविध प्रकार की सहायता की जरूरत होगी।

लघुतम इकाइयों और परिष्कृत लघु उद्योगों में बड़ा अंतर है। इसलिए उनकी वृद्धि और विकास का असर भी अलग-अलग होगा। इसलिए उचित यह होगा कि दोनों अलग-अलग उपक्षेत्रों की प्रकृति को देखते हुए प्रोत्साहन तथा सुविधाओं का अलग-अलग पैकेज बनाया जाए।

- लघुतम क्षेत्र (टाइनी सेक्टर)
- आधुनिक लघु उद्योग (मॉडर्न स्मॉल स्केल इंडस्ट्री—एम.एस.आई.)

इसके लिए जरूरी है कि प्रत्येक उपक्षेत्र के विकास तथा आकार के आधार पर श्रेणी बनायी जाए और प्रत्येक श्रेणी के लिए विशेष नीति बने।

1.4.2 प्रतिमान में परिवर्तन

यह स्पष्ट है कि बदलते हुए व्यापारिक माहौल में प्रतियोगी बनने, गुणवत्ता के

प्रति जागरूक होने और उसमें दक्ष होने के लिए अपने-आपको बदलना होगा। इसके लिए लघु उद्योग क्षेत्र के प्रतिमान में स्पष्ट परिवर्तन करना होगा। उनमें कुछ मुद्दों पर आगे चर्चा की जा रही है :

(क) लघु उद्योग के उपक्षेत्र

यह पहले से ही स्पष्ट है कि लघु उद्योग में विभिन्न विशेषताओं तथा जरूरतों वाले अलग-अलग किस्म के उपक्षेत्र हैं। एक तरफ तो लघुतम उद्योग जैसा उपक्षेत्र है तो दूसरी ओर आधुनिक लघु उद्योग है। दोनों की वृद्धि और विकास की तर्ज अलग-अलग है। मसलन 10 लाख रुपए तक मशीन और प्लांट वाले लघुतम उद्योग में रोजगार के अवसर लघु उद्योग, जिसमें प्लांट और मशीन में 10 लाख से अधिक पूँजी जरूरी है, से दुगुने होते हैं।

इसीलिए लघु उद्योग क्षेत्र से संबंधित नीतियों को ऐसा बना दिया जाना चाहिए कि वह लघु उद्योग क्षेत्र के सभी उपक्षेत्रों की आवश्यकताओं को पूरा कर सके। इसके लिए ध्यान संसाधनों के आबंटन तथा प्रोत्साहन के सरकारी एवं संस्थानिक प्रयासों पर केंद्रित करना होगा। देखा गया है कि निवेश की सीमा के चलते टैक्नोलॉजी को उन्नत बनाने तथा वृद्धि में दिक्कत आती है। इसके चलते पूँजी तथा टैक्नोलॉजी का प्रवाह वहाँ तक नहीं पहुँच पाता, इससे लघु उद्योग प्रतियोगिता नहीं कर पाते हैं। इसी तरह निवेश की सीमा बढ़ाने का सवाल विभिन्न उपक्रमों की पहचान करने तथा अलग-अलग उपक्षेत्रों के लिए विशेष नीतियाँ बनाने से जुड़ा है। इसलिए लघु उद्योग की परिभाषा बनाने में निम्नलिखित उद्देश्यों को ध्यान में रखना होगा :

क. रोजगार के अवसर बढ़ाने तथा औद्योगिक वृद्धि को विविधतापूर्ण बनाने के लिए लघु उद्योग क्षेत्र के लघुतम क्षेत्र को लगातार समर्थन/सहायता देने की जरूरत पड़ेगी।

ख. टैक्नोलॉजी में बेहतरी, प्रतियोगिता के योग्य क्षमता विकसित करने तथा दक्षता बनाने में लघु उद्योगों को सुविधा देनी होगी। प्रक्रिया को सुगम बनाना होगा।

ग. लपु उद्योग क्षेत्र में बैंक पूँजी तथा टैक्नोलॉजी के प्रवाह को बढ़ावा देना होगा।

घ. लघु उद्योग तथा बड़े उद्योग के बीच सहज संबंध को बढ़ावा देना होगा।

(ख) टैक्नोलॉजी में बेहतरी

यह पहले भी कहा जा चुका है कि लघु उद्योग क्षेत्र में टैक्नोलॉजी की बेहतरी को बढ़ावा दिये जाने की जरूरत है ताकि यह क्षेत्र नये, उभरते अवसरों का लाभ उठा सके। लघु उद्योग क्षेत्र में पूंजी तथा टैक्नोलॉजी के प्रवाह को बढ़ाकर इस लक्ष्य को प्राप्त किया जा सकता है।

बॉक्स 1-छ

लघु उद्योग क्षेत्र में टैक्नोलॉजी में बेहतरी के लिए कार्यप्रणाली

द्विस्तरीय लक्ष्य

- ➤ घरेलू बाजार में प्रतियोगिता का सामना करना
- ➤ विश्व बाजार में अधिक प्रतियोगी बनने की क्षमता पैदा करना

कार्रवाई : दो हिस्सों में

- ➤ लघु उद्योग के लिए टैक्नोलॉजी फंड
- ➤ टैक्नोलॉजी व उसके अपनाने के लिए तकनीकी संस्थाओं व लघु उद्योगों के बीच 'आवश्यकता पूरक शोध' के आधार पर संपर्क व समन्वय

विशेषताएँ

- ➤ टैक्नोलॉजी डेवेलपमेंट सेल के अन्तर्गत टैक्नोलॉजी विकास की व्यवस्था एक ही जगह करना
- ➤ विभिन्न क्षेत्रों में समस्या के समाधान के लिए टैक्नोलॉजी अध्ययन
- ➤ उद्योग तथा शोध संस्थानों के बीच संबंध बनाना ताकि आवश्यकतानुसार उद्योग के विभिन्न क्षेत्रों के लिए टैक्नोलॉजी का विकास किया जा सके
- ➤ टैक्नोलॉजी बैंक बनाने के लिए देश-विदेश में उपलब्ध टैक्नोलॉजी का पता लगाना
- ➤ टैक्नोलॉजी के क्षेत्र में अन्तर्राष्ट्रीय सहयोग

➤ नई प्रक्रियाओं (प्रोसेस) तथा उत्पाद (प्रॉडक्ट) का विकास
➤ टैक्नोलॉजी बेचनेवालों से संबंधित सूचना
➤ टैक्नोलॉजी हस्तांतरण में सहायता
➤ राज्य सरकारों, सरकारी संस्थानों तथा संबद्ध उद्योग के सहयोग से टैक्नोलॉजी कोष की स्थापना
➤ उद्यम पूँजी फंड और उद्यम पूँजी कम्पनियों (वेंचर कैपिटल फंड एंड वेंचर कैपिटल कम्पनीज़) की स्थापना को बढ़ावा देना
➤ नई टैक्नोलॉजी पर आधारित उद्योगों की स्थापना के लिए इच्छुक उद्यमियों तथा उद्यम पूँजी कंपनियों के बीच जोखिम पूँजी (रिस्क कैपिटल) हेतु साझीदारी को बढ़ावा देना

(ग) समग्र सूचना एवं संसाधन केंद्र

संसाधनों की कमी के कारण लघु उद्योग सूचनाएँ प्राप्त नहीं कर पाते। उद्योग में अपनी उपस्थिति को सुदृढ़ करने के लिए व्यापार, बाजार, टैक्नोलॉजी और अवसर से संबंधित सूचना समय पर मिले, इसकी जरूरत रहती ही है। उद्यमियों के अतिरिक्त नीतियों और कार्यक्रमों की प्रभावोत्पादकता तथा उपयुक्तता को सुनिश्चित करने के लिए संस्थानों, एजेंसियों, सरकारों आदि को भी सूचना की आवश्यकता पड़ती है।

बहुत से संस्थान सूचना एवं परामर्श सेवाएँ प्रदान करते हैं किंतु उनमें बिखराव है तथा वे लघु उद्योग क्षेत्र की पहुँच से भी बाहर हैं। अतएव देश और विदेश के बाहर विभिन्न टैक्नोलॉजी सेंटर तथा सम्बद्ध एजेंसियों की सूचना को एक नेटवर्क के माध्यम से एकत्रित और समेकित करने की आवश्यकता है। सूचना आसानी से मिल सके इसके लिए सूचना नेटवर्क के विकास और रख-रखाव की जरूरत है। लघु उद्यमियों के लिए व्यापक सूचना सेवा की स्थापना में यह प्रक्रिया अपनायी जाएगी :

- लघु उद्योग से संबंधित, विशेषज्ञता प्राप्त संस्थान में ही सूचना एवं संसाधन केन्द्र स्थापित किए जाएँगे।

- सूचना केन्द्र विभिन्न स्थानों पर लघु उद्योग प्रोत्साहन केन्द्रों तथा संबद्ध कार्यालयों में खोले जाएँगे।
- उत्पाद प्रक्रिया तथा टैक्नोलॉजी से संबंधित सूचना दी जा सकेगी। इसके लिए उपयुक्त आँकड़ों को जमा करने, उन्हें प्रोसेस करने तथा उनके रख-रखाव की जरूरत है।
- नीतियों, प्रशासकीय ढाँचे तथा प्रोत्साहन से संबंधित आँकड़ों का डाटा बेस भी बनाना पड़ेगा।
- यह सूचना तथा संसाधन केन्द्र नेटवर्क से जोड़ दिया जाएगा। सूचनाओं का संग्रह तथा प्रोसेस करने के बाद उन्हें बुलेटिनों, प्रकाशनों, इलेक्ट्रॉनिक मेल तथा सार-संक्षेप सेवाओं के जरिये वितरित किया जाएगा।

(घ) लघु उद्योग क्षेत्र में पर्यावरण सजगता

व्यापार तथा पर्यावरण के संबंध जगजाहिर हैं। अब निरंतर विकास की तरफ लोगों का ध्यान गया है और इसे काफी महत्त्व दिया जाने लगा है। ा व्यापार तथा तीव्र औद्योगिक वृद्धि के चलते पर्यावरण की रक्षा की आवश्यकता पर तत्काल ध्यान देने की जरूरत है। पर्यावरण मुद्दे से उद्योग दो तरह से निपट सकते हैं। पहला तरीका है कि देश में लागू पर्यावरण मानकों (स्टैंडर्ड) को लागू करना तथा दूसरा तरीका है देश से निर्यात होनेवाले उत्पादों में पर्यावरण का स्तर बनाये रखना। अधिकांश औद्योगिक देशों में उत्पाद तथा प्रोसेस के मानक अब अरसे से प्रचलित हैं। इसीलिए लघु उद्योगों को पर्यावरण का स्तर बनाये रखने के लिए संसाधन का एक भाग विशेष रूप से लगाना होगा।

प्रदूषण प्रबंध तथा कचरा नियंत्रण के लिए सामूहिक निस्सारी उपचार संयंत्र (एफ्लुएंट डिस्पोजल प्लांट) तथा अन्य सुविधाओं की स्थापना के लिए सहयोगी प्रयास की जरूरत पड़ेगी। कचरे की रिसाइक्लिंग भी एक विकल्प है। लघु उद्योगों को इसे भी गंभीरता से लेना होगा।

(च) गैर-सरकारी संगठनों तथा मध्यवर्ती संस्थानों की संलग्नता

आधुनिक लघु उद्योगों के लिए संस्थानिक समर्थन का ढाँचा मध्यवर्ती संस्थानों के जरिये ही विकसित करना होगा। उनके पास आवश्यक विशेषज्ञता तथा लचीलापन है जिससे वे इन दायित्वों को पूरा कर सकते हैं। वे सख्ती और गैरलचीले ढाँचे और धीमापन की समस्याओं से पीड़ित नहीं हैं।

गैर-सरकारी संगठनों/उद्योग संघों को उद्यमिता विकास, प्रशिक्षण, जागरूकता कार्यक्रम, विपणन (मार्केटिंग) आदि विकासात्मक कार्यक्रमों को हाथ में लेने को प्रोत्साहित किया जाएगा और इन संगठनों को सहयोजित सदस्यों के रूप में मान्यता दी जाएगी। इन संगठनों को लघुतम उद्योग विकास केन्द्रों की स्थापना, जो इन उद्योगों की धुरी होगी, के लिए प्रोत्साहन और समर्थन दिया जा सकता है।

(छ) निवेश के अवसर और निर्यात

हमने देखा है कि पिछले चार दशकों में लघु उद्योगों में विविध क्षमताएँ विकसित हो गई हैं। 7500 से भी ज्यादा उत्पाद लघु उद्योग क्षेत्र में बनाये जा रहे हैं और मौजूदा कीमतों पर इन उत्पादों का सकल मूल्य लगभग 300,000 (तीन लाख) करोड़ रुपए है। निर्यात के मामले में भी लघु उद्योगों की उपलब्धि प्रशंसनीय है। अगर परोक्ष निर्यात को भी शामिल कर लिया जाए तो हमारे कुल निर्यात का 40% लघु उद्योग क्षेत्र से ही होता है।

लघु उद्योग के आकार और विविधिता को ध्यान में रखें तो हम देखते हैं कि इस क्षेत्र में निवेश के बड़े अवसर मौजूद हैं। निर्यात क्षेत्र में तो इसके अवसर और भी हैं। यह अब संभव भी है क्योंकि लघु उद्योग क्षेत्र में प्रवेश करने के लिए नीतियों को आसान कर दिया गया है और अब इसमें लाइसेंस-नियंत्रण ही समाप्त कर दिया गया है।

अवसर के क्षेत्र विविध और बहुल दोनों है। भारत का प्रमुख निर्यातक तो लघु उद्योग क्षेत्र ही है। इनके उदाहरण हैं : चमड़ा उत्पाद, सिले-सिलाये वस्त्र, खाद्य प्रसंस्करण और कृषि आधारित उद्योग। इन क्षेत्रों में निवेश तथा बेहतर टैक्नोलॉजी के इस्तेमाल से मौजूदा नई क्षमताओं के सहारे काफी लाभ कमाया जा सकता है।

सेवा क्षेत्र, नई या बेहतर टैक्नोलॉजी क्षेत्र में निवेश मुक्त रूप से हो सकता है और इसका भविष्य उज्ज्वल है। लघु उद्योग क्षेत्र में आधुनिक टैक्नोलॉजी की भारी माँग है। बड़े उद्योग तथा विदेशी निवेशक इस माँग को पूरा कर सकते हैं। एक और अच्छा क्षेत्र है : डिब्बाबंदी, विपणन (मार्केटिंग) और अन्य मूल्य आवर्धित सेवाएँ। बहुत से लघु उद्योगों के पास अच्छी टैक्नोलॉजी तथा उत्पाद हैं, फिर भी वे अपने उत्पादों को पर्याप्त रूप से देसी-विदेसी बाजार में बेचने में असमर्थ हैं इसलिए वे स्थानीय ही बने हुए हैं। इस बड़े अंतर के चलते पैकेजिंग और विपणन क्षेत्र में विशेषज्ञता वाली इकाइयाँ स्थापित करने के लिए आकर्षक अवसर बनते हैं। ये उत्पाद प्रचुर मात्रा में अच्छे

प्रतियोगी मूल्यों पर उपलब्ध हैं।

बॉक्स 1-ज लघु उद्योग क्षेत्र में निवेश के लिए नीतिगत व्यवस्था को दर्शाता है। संभावित निवेशक लघु उद्योग क्षेत्र के निर्यात में वृद्धि का इतिहास जानने को इच्छुक हो सकते हैं। टेबल 1-च में यह सूचना दी गई है।

बॉक्स 1-ज

विदेशी निवेशकों के लिए लघु उद्योगों के बारे में सूचना-पत्रक

- एक औद्योगिक कंपनी यानी उद्योग चलानेवाली एक कंपनी किसी लघु उद्योग में 24% का हिस्सों में निवेश कर सकती है।
- अगर यह हिस्सा 24% से बढ़ गया तो उस इकाई को लघु उद्योग नहीं माना जाएगा।
- अनिवासी भारतीय एक व्यक्ति या भागीदार के रूप में कितने भी शेयर ले सकता है।
- रिजर्व बैंक ऑफ इंडिया 35 उच्च प्राथमिकता वाले उद्योगों में 51% तक शेयरों में विदेशी निवेश की स्वतः अनुमति प्रदान करता है।
- शत-प्रतिशत निर्यातोन्मुखी इकाइयों में विदेशी निवेश 100 प्रतिशत शेयर तक हो सकता है।
- अनिवासी भारतीय और विदेशी कंपनियों (जिनके बड़े हिस्सेदार अनिवासी भारतीय हों) को उच्च प्राथमिकता वाले उद्योगों में 100 प्रतिशत शेयर रखने की छूट है और वे अपना सारा लाभ भी विदेश ले जा सकते हैं।
- लघु उद्योग क्षेत्र में आरक्षित किसी उत्पाद को बनाने के लिए कोई बड़ी औद्योगिक परियोजना लगाना चाहता है तो उसे 75 प्रतिशत निर्यात का भरोसा देना होगा।

(ज) गुणवत्ता पर बल

आज के प्रतियोगी बाजारों में गुणवत्ता प्रमाणपत्र काफी महत्त्वपूर्ण हो गए हैं। निर्यात में विशेषकर इनकी आवश्यकता होती है। आईएसओ-9000 का

तालिका 1-च

कुल निर्यात में लघु उद्योग का हिस्सा (रु. दस लाख में)

वर्ष	कुल निर्यात	प्रतिशत वृद्धि	लघु उद्योग क्षेत्र से निर्यात	प्रतिशत वृद्धि	लघु उद्योग योजना का प्रतिशत
1971-72	16080.0		1549.9		9.6
1972-73	19710.0	22.57	3057.9	97.29	15.5
1973-74	25234.0	28.03	3931.6	28.57	15.8
1974-75	33328.8	32.08	5407.1	37.53	16.2
1975-76	40422.5	21.28	5321.1	(–) 1.59	13.2
1976-77	51422.5	27.21	7658.3	43.92	14.9
1977-78	54042.6	5.09	8448.2	10.31	15.6
1978-79	57262.6	5.06	10692.4	26.56	18.7
1979-80	64587.6	12.79	12263.1	14.69	19.0
1980-81	67107.1	3.90	16432.0	33.99	24.5
1981-82	78059.0	16.32	20706.1	26.01	26.5
1982-83	89077.5	14.11	20450.3	(–) 1.23	22.9
1983-84	98721.0	10.83	21639.8	5.82	21.9
1984-85	114937.2	16.43	25407.8	17.41	22.11
1985-86	108945.9	(–) 5.45	27691.1	8.99	25.42
1986-87	125666.2	15.34	36436.7	31.58	28.99
1987-88	157412.0	25.26	43729.6	20.01	27.78
1988-89	202952.0	28.93	54896.3	25.54	27.05
1989-90	276814.7	36.39	76257.4	38.91	27.55
1990-91	325533.4	17.60	96641.5	26.73	29.68
1991-92	440048.1	35.29	13883.4	43.03	31.52
1992-93	533505.4	21.14	17784.8	28.10	33.34
1993-94	695469.7	30.35	253070.9	42.29	36.38
1994-95	826741.1	18.87	290681.5	14.86	35.15

प्रमाणपत्र हासिल करने के लिए इकाई को बहुत लागत लगानी होती है। संसाधनों की कमी के कारण इस प्रमाणपत्र को प्राप्त करने तथा गुणवत्ता व्यवस्था को क्रियान्वित करने में लघु इकाइयों को कठिनाई होती है। फिर भी प्रतिमान परिवर्तन के रूप में लघु उद्योगों को गुणवत्ता को व्यवस्था के अंग के रूप में अपनाना चाहिए।

लघु उद्योग क्षेत्र में गुणवत्ता कार्यक्रम को व्यापक रूप से लाने का निर्णय लिया गया है। आईएसओ-9000 प्रमाणपत्र प्राप्त करनेवाली इकाइयों को वित्तीय प्रोत्साहन प्रदान करने की योजना शुरू की गई है। इसमें प्रमाणपत्र हासिल करने की लागत की 50 प्रतिशत रकम की प्रतिपूर्ति (रीइम्बर्समेंट) कर दी जाती है। इस रकम की सीमा प्रति इकाई 75000/- रुपए है।

1.4.3 नये माहौल में नई रणनीति

इस क्षेत्र के बारे में व्यक्त शंकाओं को ध्यान में रखते हुए, उदारीकरण के बाद के परिदृश्य में लघु उद्योग के भविष्य पर अनिवार्य रूप से विचार किया जाता है।

पिछले तीन वर्षों में लघु उद्योग क्षेत्र में वृद्धि की प्रमुख विशेषता यह रही है कि इसने समग्र उद्योग अथवा विनिर्माण (मैन्यूफैक्चरिंग) के क्षेत्र की तुलना में लगातार उच्चतर वृद्धि को हासिल किया है।

इससे एक सकारात्मक निष्कर्ष निकलता है। उदारीकरण की प्रक्रिया ने भी वृद्धि की ऐतिहासिक प्रवृत्ति को नहीं बदला है। समग्र उद्योग की तुलना में लघु उद्योग क्षेत्र ने लगातार उच्चतर वृद्धि दर को बनाये रखा है।

यह कहना उचित ही होगा कि लघु उद्योग क्षेत्र पर कोई प्रतिकूल प्रभाव आर्थिक सुधार की प्रक्रिया से नहीं पड़ा है।

भविष्य में भी कुछ बातें ध्यान में रखनी होंगी। उनमें लघु उद्योग क्षेत्र की विविधता सबसे महत्त्वपूर्ण है।

बॉक्स 1-झ
लघु उद्योगों में विविधता

आकार की विविधता

इस क्षेत्र में निर्धारित निवेश कुछ हजार रुपयों से लेकर 60 लाख रुपए तक का हो सकता है। इस तरह एक ओर लघुतम इकाइयाँ हैं तो दूसरी तरफ बेहतर टैक्नोलॉजी वाले 'बड़े' उद्योग भी हैं।

रोजगार की विविधता

रोजगार की विविधता कामगारों की संख्या, पूँजी का आकार, उद्योग समूह तथा टैक्नोलॉजी के प्रकार में देखी जा सकती है।

उत्पाद के उपभोक्ताओं की विविधता

लघु उद्योग इकाइयाँ 7500 से अधिक उत्पाद बनाती हैं, और एक ही उत्पाद के मामले में कई प्रकार की गुणवत्ता या बाजारों के हिसाब से बनते भाव विशेषकर उपभोक्ता/घरेलू खपतवाले उत्पादों में देखे जा सकते हैं।

यह कहा जा सकता है कि भविष्य अच्छा है और थोड़ा एहतियात बरता जाए तो भविष्य उज्ज्वल भी हो सकता है। यह आशा भारतीय उद्योग तथा बाजार की माँग की प्रमुख विशेषताओं के आधार पर की जा सकती है। विविध उपभोक्ता उत्पादों/टैक्नोलॉजी/प्रक्रियाओं की माँग के कई स्तर हैं। फिर भी उत्पादन व्यवस्था और माँग के ढाँचे में विविधता के कारण उन सबका अस्तित्व बना रह सकता है। एक ही उत्पाद के विभिन्न गुणवत्ता स्तरों—कुछ सस्ते, कुछ महँगे या परिष्कृत (सोफिस्टिकेटेड)—की माँग बाजार में रह सकती है। भारतीय अर्थव्यवस्था की इसी विशेषता के चलते विभिन्न प्रकार की इकाइयाँ साथ-साथ काम करती रह सकती हैं।

1.4.4 लघु उद्योग की नई संरचना

लघु उद्योग को निम्नलिखित तीन मुख्य श्रेणियों में बाँटा जा सकता है

- आधुनिक लघु उद्योग

- मध्यम स्तर के लघु उद्योग
- लघुतम उद्योग

(क) आधुनिक लघु उद्योग

ये इकाइयाँ आधुनिक टैक्नोलॉजी का प्रयोग करती हैं और बाजार में खुलकर प्रतियोगिता करती हैं। इनके पास पूँजी, सूचना तथा विशेषज्ञता के मामले में संसाधनों की कमी होती है पर अन्य मामलों में ये बड़े या मध्यम दर्जे के उद्योगों से अधिक भिन्न नहीं हैं। उद्योग के क्षेत्र में पहली बार उतरनेवाले उद्यमी, जो बेहतर टैक्नोलॉजी का इस्तेमाल कर रहे हैं, इसी श्रेणी में आते हैं।

हालाँकि यह हिस्सा अभी छोटा है। फिर भी वह महँगे उत्पादों को बनाने तथा उनका निर्यात करने में आगे है। सिले-सिलाए वस्त्रों का उद्योग इसका अच्छा उदाहरण है। यह नवीनता, लचीलापन तथा तुरंत निर्णय लेने की स्थिति में है और इसलिए भविष्य में इसकी भूमिका और भी महत्त्वपूर्ण होगी।

बड़े तथा लघु उद्योगों के बीच सम्बन्ध का दायरा तथा उसका स्तर भविष्य में महत्त्वपूर्ण पहलू बनने जा रहा है। आधुनिक लघु उद्योगों का बड़ा हिस्सा बड़े उत्पादकों की कल-पुर्जों की जरूरतों को पूरा करने तथा उनके लिए मध्यवर्ती उत्पाद बनाने की स्थिति में है (मारुति उद्योग का ज्वाइंट वेंचर सोना स्टीयरिंग इसका अच्छा उदाहरण है)। इसके लिए उत्पादों के स्तरीकरण, विविधता तथा गुणवत्ता प्रमाणन (क्वालिटी सर्टिफिकेशन) की जरूरत होगी। इसके लिए लघु उद्योग की नीतियों तथा कार्यक्रमों में ऐसे संबंधों को प्रोत्साहन देने पर बल देना होगा।

ऐसे उद्योगों को निम्नलिखित क्षेत्रों में संस्थागत सहायता की जरूरत होती है :

- सूचना नेटवर्क/व्यवस्था (इन्फॉरमेशन नेटवर्क/सिस्टम)
- गुणवत्ता प्रमाणन (आईएसओ-9000 आदि)
- पूँजी जुटाने के नये तरीके (वेंचर कैपिटल फंड)

उदारीकरण की प्रक्रिया ने ऐसे उद्योगों को सशक्त और प्रतियोगी रूप में उभरने का एक अच्छा अवसर दिया है।

(ख) मध्यम स्तर के लघु उद्योग

इन इकाइयों के पास पूँजी है तथा वे स्थापित भी हैं। लेकिन ये ऐसी टैक्नोलॉजी/प्रक्रियाओं का इस्तेमाल करती हैं जो देश के बाजार के विशेष हिस्से

की जरूरतों के अनुकूल हैं। वे विभिन्न तरह की माँगों तथा ग्राहकों के स्तर के हिसाब से उपभोक्ता उत्पाद बनाती हैं। हाँ, इन उत्पादों में कुछ समृद्धों के लिए भी उपयोगी निकल आते हैं, जैसे न चिपकनेवाले बर्तन तथा मामूली बर्तन, दोनों मध्यवर्ग के लिए उपयोगी हैं। ऐसे भी ढेरों उत्पाद (जैसे प्लास्टिक तथा रबड़ के बने उपभोक्ता उत्पाद) हैं जिनका स्तर बाजार के क्षेत्र की माली हालत के अनुसार होता है। ऐसी इकाइयाँ ग्रामीण और शहरी दोनों तरह के क्षेत्रों में स्थित हैं और विशेष रूप से वहाँ स्थित हैं जहाँ वे अधिक मुनाफा कमा सकती हैं क्योंकि खरीदार वहाँ अधिक हैं। हालाँकि उनको बड़े या मध्यम दर्जे के उद्योगों से प्रतियोगिता नहीं करनी पड़ती फिर भी उनके बीच आपस में भारी प्रतियोगिता रहती है।

ऐसे उद्योगों वाले हिस्से में सुपुर्दगी (डिलीवरी) तथा ऋण व्यवस्था का पारंपरिक रूप भी प्रचलित है। इसलिए इस तरह की व्यवस्था का उपयोग करनेवाले उद्योग उदारीकरण की प्रक्रिया से प्रभावित नहीं हो सकते हैं।

फिर भी एक उद्देश्य यह होना चाहिए कि उनको विविधता तथा टैक्नोलॉजी को बेहतर बनाने के लिए प्रोत्साहित किया जाना चाहिए। ऐसे उद्योगों को निम्नलिखित क्षेत्रों में सहायता की जरूरत पड़ेगी :

- प्रशिक्षण
- प्रबंधन
- सरल तथा प्रभावी प्रशासन व्यवस्था
- पर्याप्त व समयानुकूल ऋण
- वैकल्पिक टैक्नोलॉजी
- प्रदूषण नियंत्रण

(ग) लघुतम उद्योग

यह लघु उद्योग क्षेत्र का सबसे बड़ा हिस्सा है और उसकी संख्या लगभग 96% है।

इनकी विशेषताएँ निम्नलिखित हैं :

- रोजगार के अवसर बनाने तथा रोजगार बनाये रखने के अनुकूल
- स्थानीय संसाधन/कुशलता पर आधारित
- स्थानीय माँगों/जरूरतों को पूरा करनेवाले
- ऊर्जा की काफी कम खपत
- ग्रामीण तथा पिछड़े क्षेत्रों में इनका फैलाव

वैसे लघुतम उद्योग औद्योगिक परिसरों तथा अधिक उद्योग वाले इलाकों (विशेषकर बड़े शहरों तथा औद्योगिक शहरों में या उनके पास) में भी भारी संख्या में स्थित हैं।

लघुतम उद्योग इनका माध्यम हैं :

- उद्योगों का फैलाव
- सतत रोजगार सृजन

आगामी वर्षों में ऐसे उद्योगों को सतत और लक्षित सहायता (प्रत्यक्ष तथा परोक्ष दोनों रूप से) चाहिए होगी। निरंतर रोजगार सृजन की रणनीति में ऐसे उद्योगों को महत्त्वपूर्ण स्थान देना होगा। सहायता/समर्थन इन क्षेत्रों में आवश्यक होंगे :

- लगातार वित्तीय समर्थन
- पर्याप्त कर्ज
- उद्यमिता विकास कार्यक्रम तथा प्रशिक्षण
- उपयुक्त टैक्नोलॉजी
- संस्थानिक समर्थन ढाँचा : सेवा क्षेत्रों का विस्तार
- जोखिम से बचाने के लिए पर्याप्त सुरक्षा

शिक्षित बेरोजगार युवाओं के लिए स्वरोजगार योजना ने इस दिशा में महत्त्वपूर्ण प्रयास किया है। इस प्रकार गत दस वर्षों की योजना के दौरान 15 लाख उद्यम स्थापित किए गए हैं। अब आठवीं पंचवर्षीय योजना के दौरान 7 लाख उद्यमों की स्थापना के उद्देश्य से अक्टूबर 1993 से प्रधानमंत्री रोजगार योजना क्रियान्वित की जा रही है।

अन्ततोगत्वा लघु उद्योग क्षेत्र का भविष्य सम्पूर्ण उद्योग क्षेत्र से जुड़ा है। यह क्षेत्र दक्षता, गुणवत्ता और प्रतियोगिता की चुनौती का सामना करने की स्थिति में है। पुनर्रचना तथा विविधीकरण की इसकी योग्यता पर संदेह नहीं किया जा सकता। अब जरूरत इस बात की है कि लघुतम उद्योग क्षेत्र में कर्ज/सूचना तथा टैक्नोलॉजी को प्रोत्साहित करने/प्रदान करने के लिए चुस्ती दिखानेवाली संस्थानिक समर्थन प्रणाली बनायी जाए। औद्योगिक फैलाव तथा रोजगार सृजन के उद्देश्य को पूरा करने के लिए लघुतम उद्योग को लक्षित तथा वर्द्धित सहायता की जरूरत पड़ेगी।

इसलिए आप लघु उद्योग के जिस क्षेत्र में प्रवेश करना चाहते हैं, वहाँ प्रतिमानों में बदलाव के बाद से भविष्य उज्ज्वल ही है। लघु उद्योगों का भविष्य जीवंत और आकर्षक है।

भारत

संक्षिप्त सूचनाएँ

भारत
संक्षिप्त सूचनाएँ

राजधानी	:	नई दिल्ली
क्षेत्रफल	:	3287263 वर्ग किलोमीटर
जनसंख्या (1993 के मध्य तक)	:	885000000
जनसंख्या (1991 जनगणना)	:	843930861
पुरुष	:	437597929
स्त्री	:	406332932
सम्पूर्ण वृद्धि (1981-91)	:	160601764
दशक (1981-91) में वृद्धि	:	23.50%
आबादी का घनत्व	:	267 प्रति वर्ग किलोमीटर
साक्षरता	:	52.11%
साक्षरता—पुरुष	:	63.86%
साक्षरता—स्त्री	:	39.42%
स्त्री-पुरुष अनुपात	:	प्रति 1000 पुरुष पर 929 स्त्री
राष्ट्रीय आय (1991-92)	:	473246 करोड़ रुपए (वर्तमान मूल्यों पर)
प्रति व्यक्ति सकल राष्ट्रीय उत्पाद (1991-92)	:	5528.6 रुपए
जीवन आयु दीर्घता (1991-96)	:	61.1
शिशु मृत्यु दर (1990)	:	80

राज्य : 25

आंध्रप्रदेश, अरुणाचल प्रदेश, असम, बिहार, गोवा, गुजरात, हरियाणा, हिमाचल प्रदेश, जम्मू-कश्मीर, कर्नाटक, केरल, मध्यप्रदेश, महाराष्ट्र, मणिपुर, मेघालय, मिजोरम, नगालैंड, ओड़िसा, पंजाब, राजस्थान, सिक्किम, तमिलनाडु, त्रिपुरा, उत्तरप्रदेश तथा पश्चिम बंगाल

केन्द्र शासित क्षेत्र : 6

अंडमान-निकोबार द्वीपसमूह, चंडीगढ़, दादरा नागर हवेली, दमन एवं दिव, लक्षद्वीप तथा पांडिचेरी

राष्ट्रीय राजधानी क्षेत्र : 1

दिल्ली

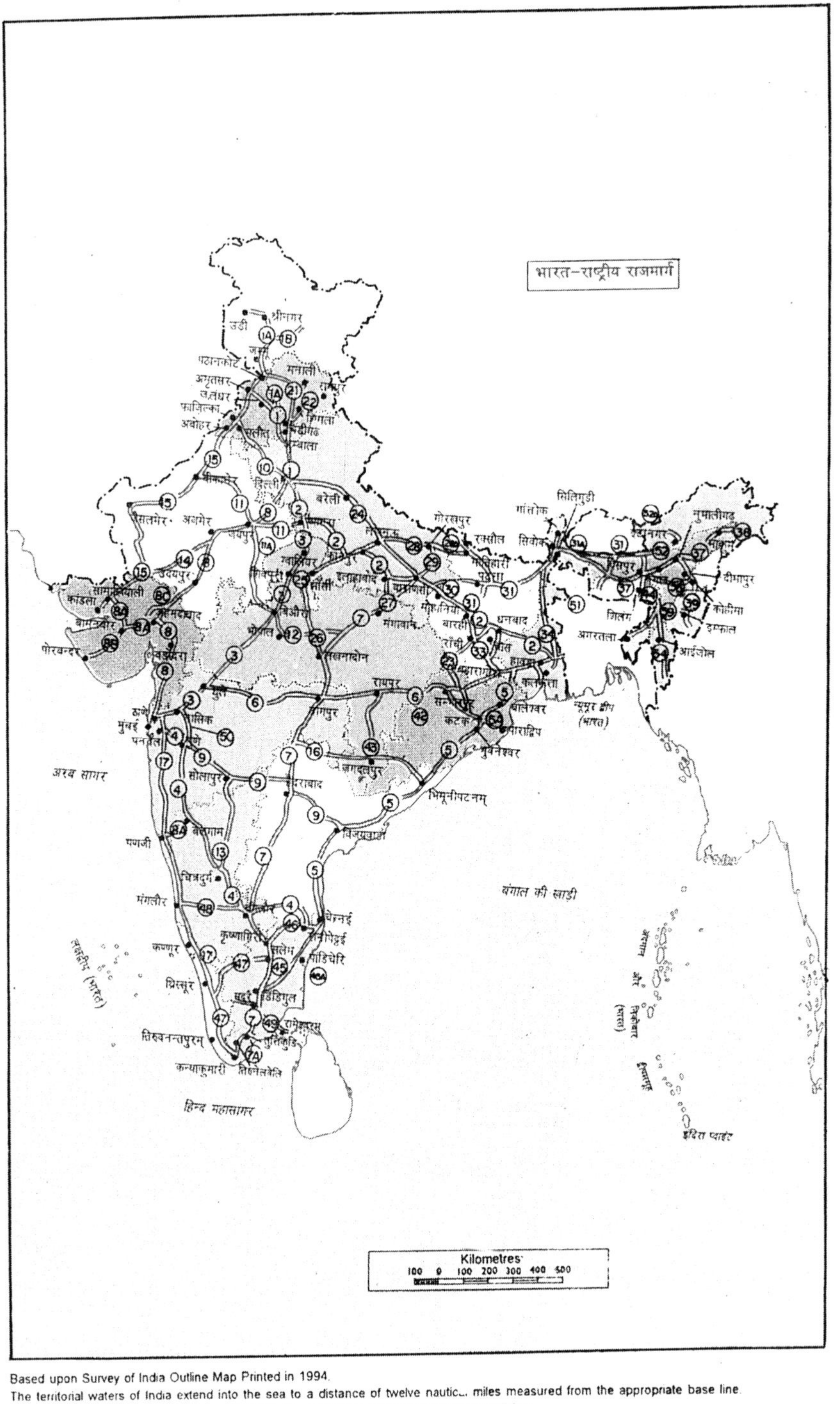

Based upon Survey of India Outline Map Printed in 1994.

The territorial waters of India extend into the sea to a distance of twelve nautic... miles measured from the appropriate base line.

Responsibility for correctness of internal details shown on the map rests with the publisher.

The boundary of Meghalaya shown on this map is as interpreted from the North-Eastern Areas (Reorganisation) Act, 1971, but has yet to be verified.

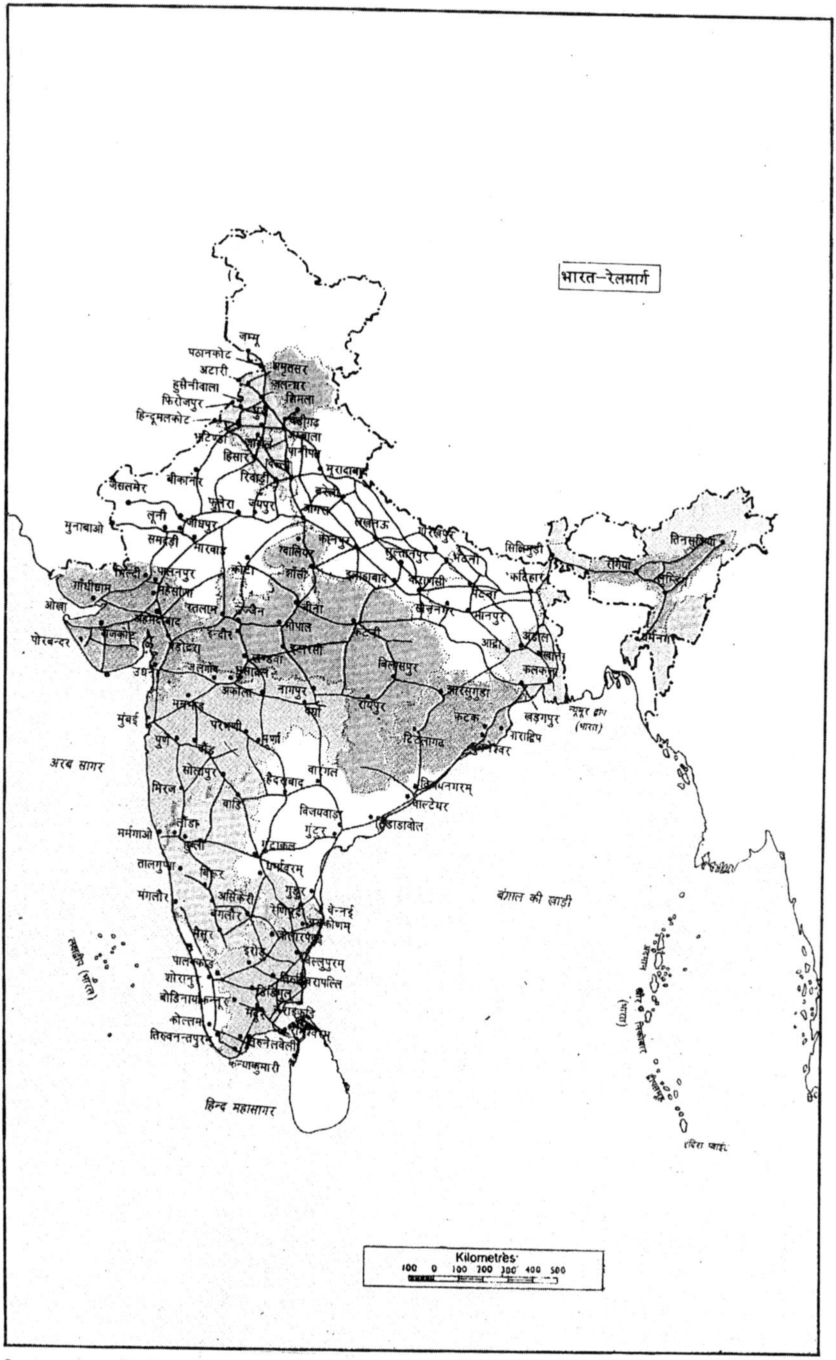

Based upon Survey of India Outline Map Printed in 1994.
The territorial waters of India extend into the sea to a distance of twelve nautical miles measured from the appropriate base line.
Responsibility for correctness of internal details shown on the map rests with the publisher.
The boundary of Meghalaya shown on this map is as interpreted from the North-Eastern Areas (Reorganisation) Act, 1971.

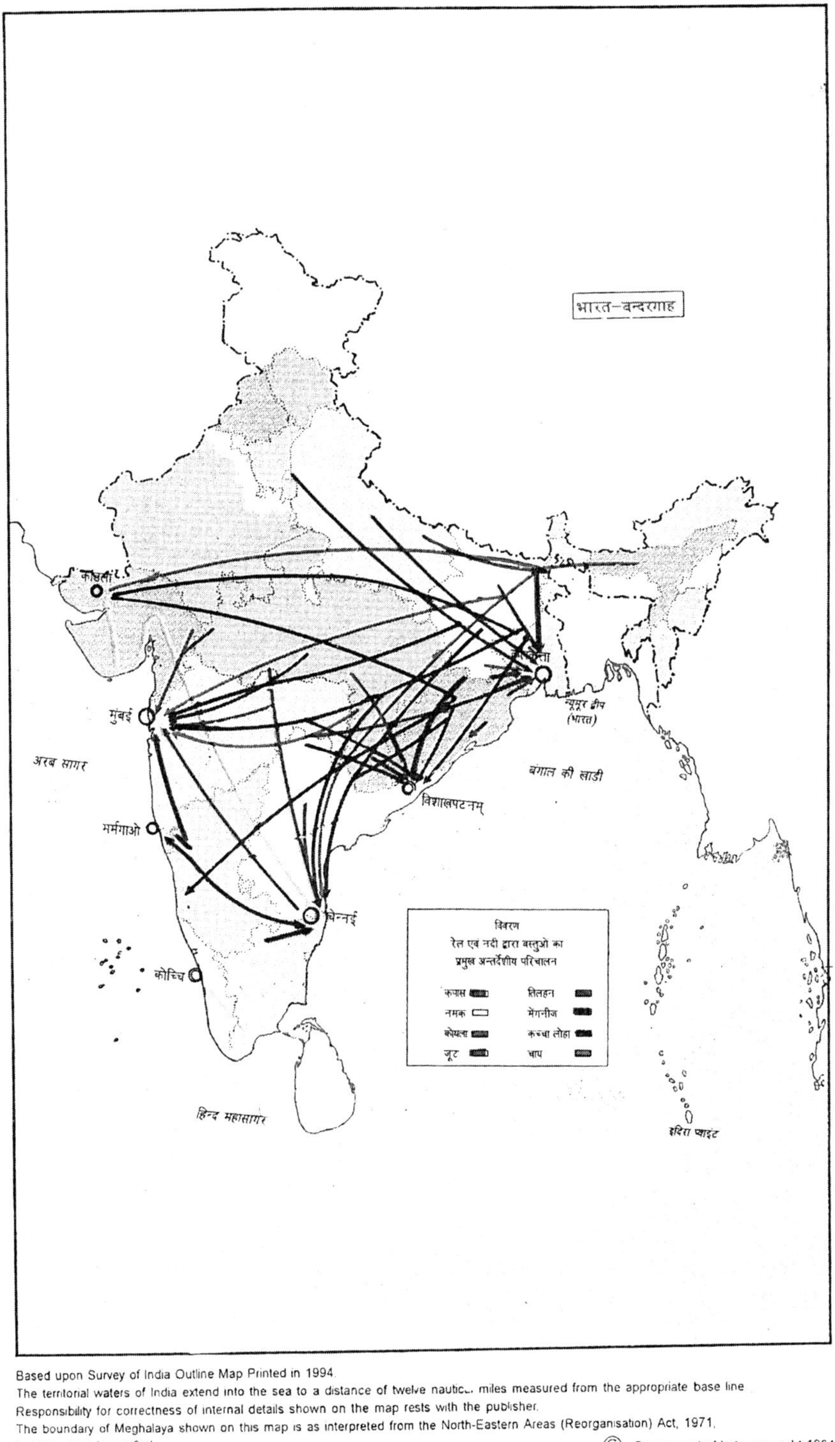
भारत–बन्दरगाह
कांडला
मुंबई
अरब सागर
मर्मगाओ
कोच्चि
चेन्नई
विशाखपटनम्
बंगाल की खाडी
न्यूमूर द्वीप (भारत)
हिन्द महासागर
इंदिरा प्वाइंट
विवरण
रेल एवं नदी द्वारा वस्तुओ का प्रमुख अन्तर्देशीय परिचालन
कपास
तिलहन
नमक
मैंगनीज
कोयला
कच्चा लोहा
जूट
चाय

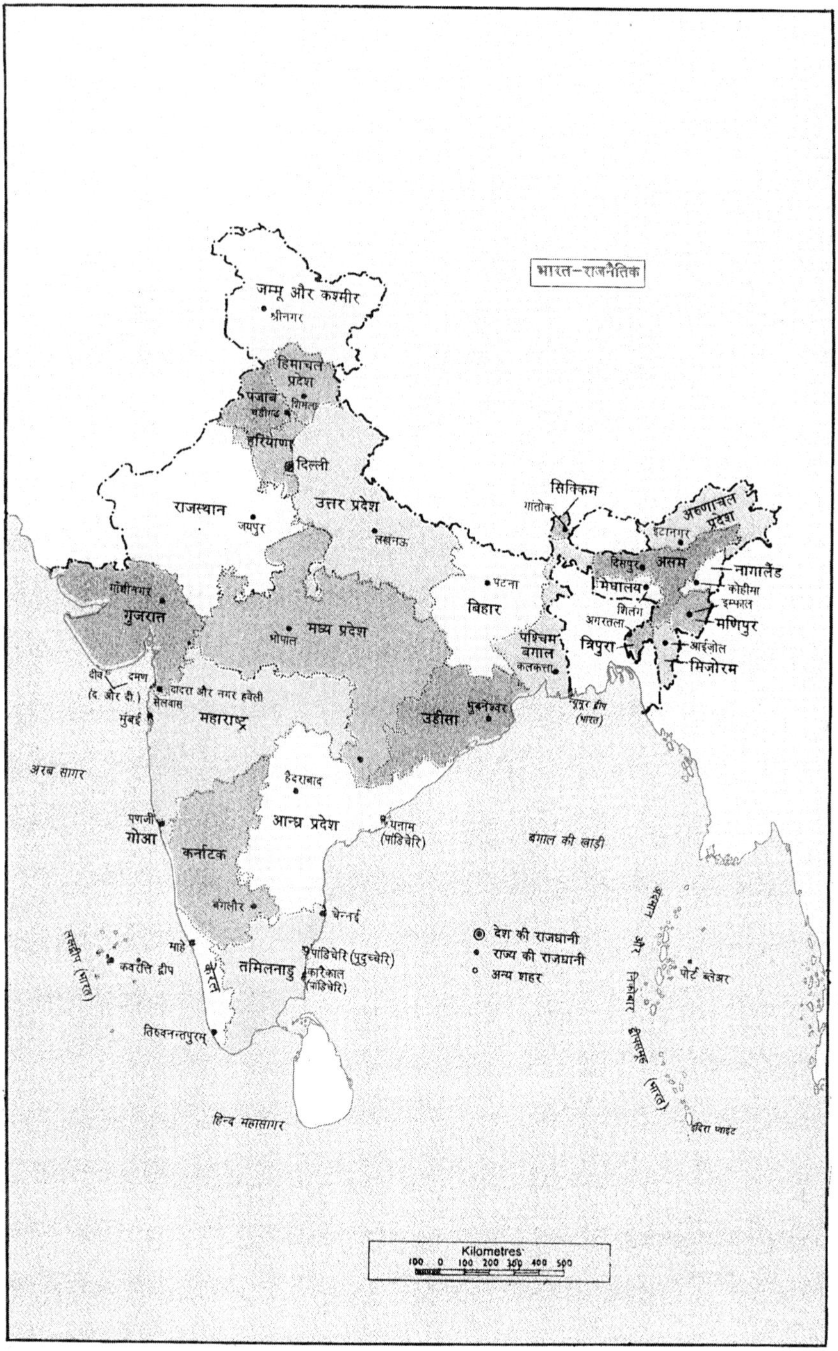

Based upon Survey of India Outline Map Printed in 1994.
The territorial waters of India extend into the sea to a distance of twelve nautical miles measured from the appropriate base line.
Responsibility for correctness of internal details shown on the map rests with the publisher.
The boundary of Meghalaya shown on this map is as interpreted from the North-Eastern Areas (Reorganisation) Act, 1971, but has yet to be verified.

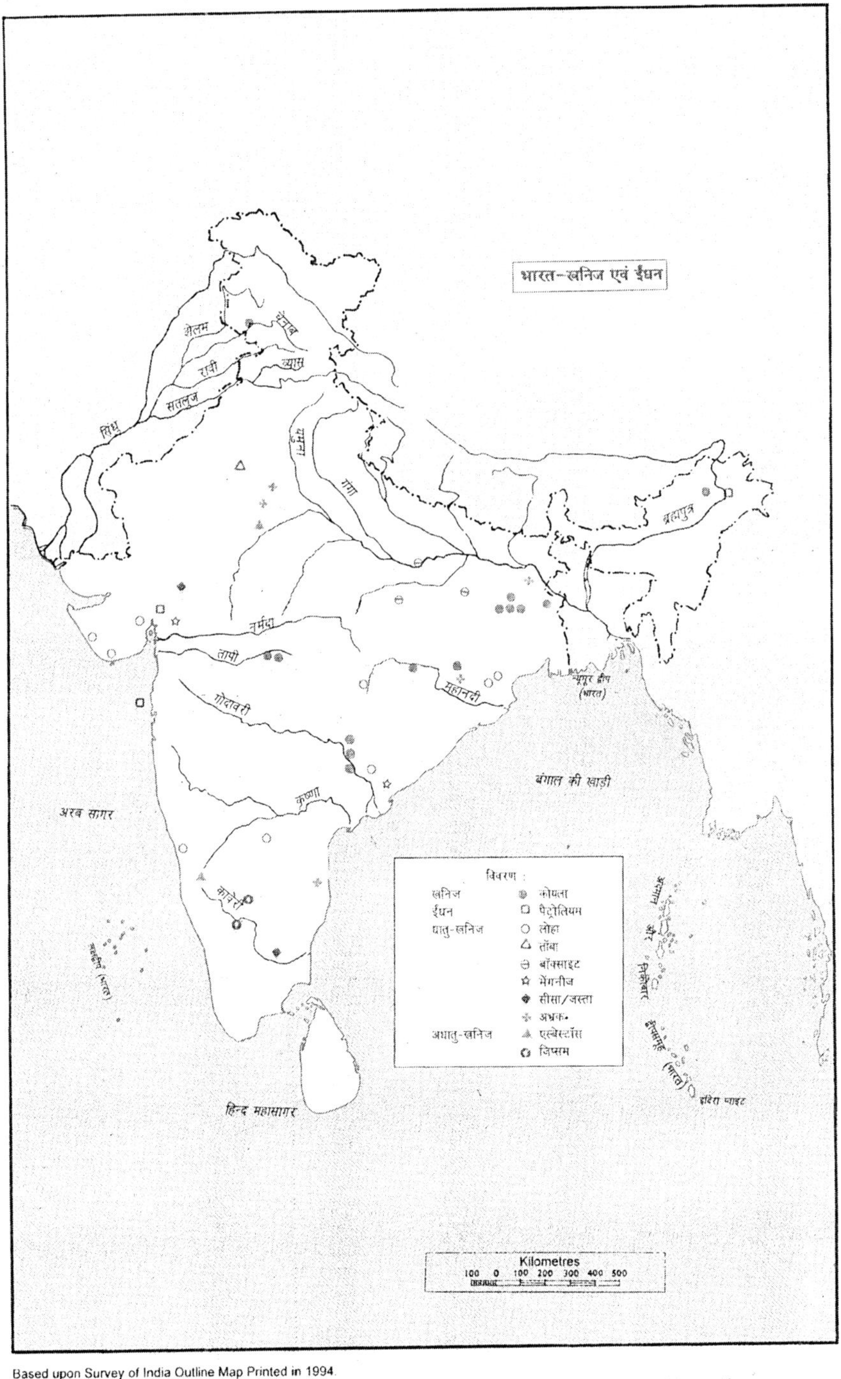

Based upon Survey of India Outline Map Printed in 1994.
The territorial waters of India extend into the sea to a distance of twelve nautical miles measured from the appropriate base line.
Responsibility for correctness of internal details shown on the map rests with the publisher.

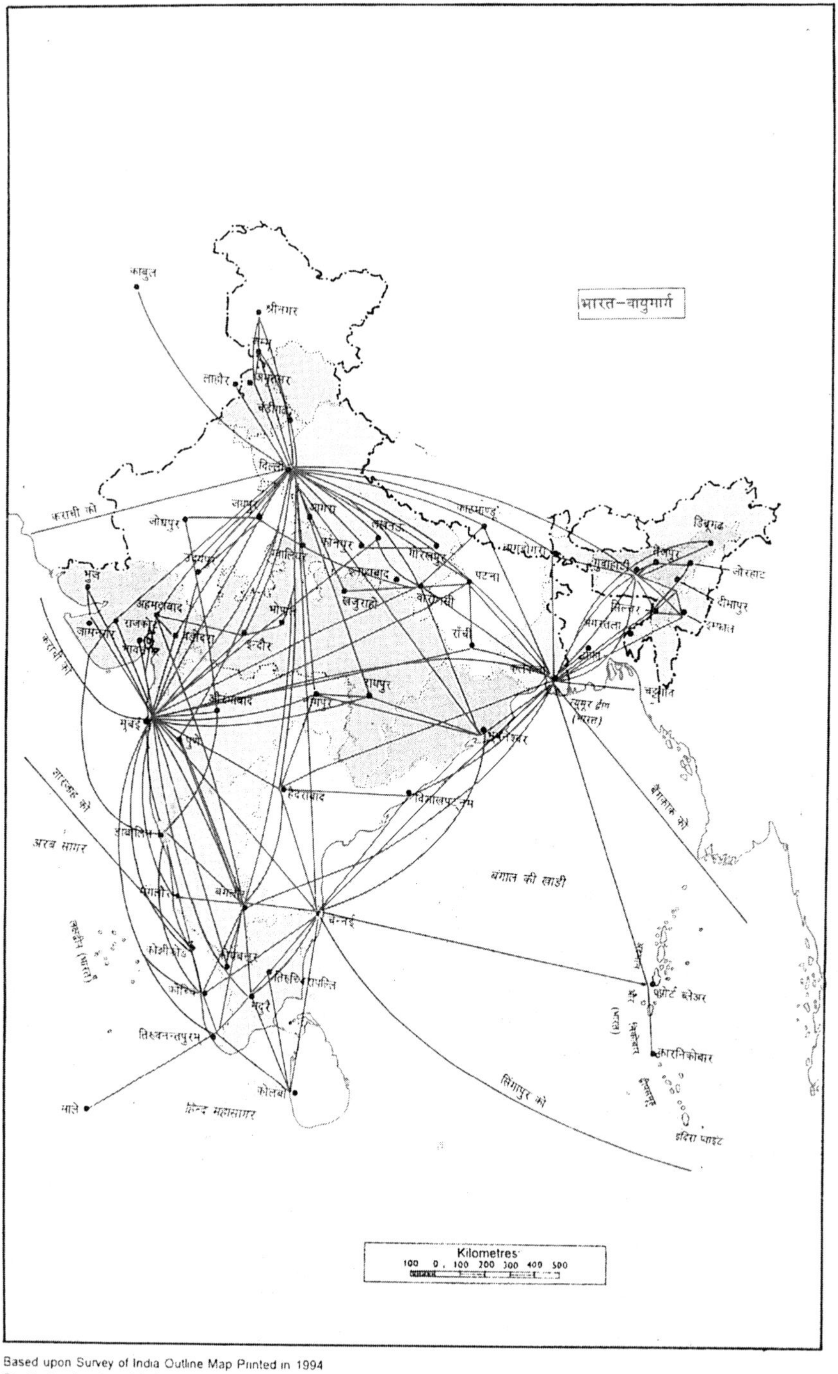

Based upon Survey of India Outline Map Printed in 1994

The territorial waters of India extend into the sea to a distance of twelve nautical miles measured from the appropriate base line

Responsibility for correctness of internal details shown on the map rests with the publisher.

The boundary of Meghalaya shown on this map is as interpreted from the North-Eastern Areas (Reorganisation) Act, 1971, but has yet to be verified

2 लघु उद्योग के लिए नीतियाँ और संस्थानिक समर्थन

एकक-1

लघु उद्योग संबंधी सरकारी नीतियाँ

•••••••

2.1.1 भारत सरकार की नीतियाँ

इसमें कोई संदेह नहीं कि लघु उद्योग क्षेत्र अर्थव्यवस्था का एक प्रमुख और महत्त्वपूर्ण घटक है। पहले हम देख चुके हैं कि इस क्षेत्र ने विगत वर्षों में न केवल उत्पादन में अपना महत्त्वपूर्ण योगदान दिया है बल्कि कम पूँजी लागत पर व्यापक रोजगार प्रदान करने, उद्यमिता का व्यापक आधार बनाने एवं ग्रामीण और पिछड़े इलाकों में उद्योग के विस्तार में निर्णायक भूमिका निभाई है। इसलिए वृद्धि के अलावा लघु उद्योग क्षेत्र में हिस्सेदारी का घटक काफी सशक्त रहा है। इसलिए सरकारी नीतियों में लघु उद्योगों को हमेशा सशक्त समर्थन दिया गया।

2.1.2 विगत वर्षों की नीतियाँ

विगत वर्षों की औद्योगिक नीतियों में लघु उद्योग क्षेत्र को भारतीय अर्थव्यवस्था में विशेष स्थान दिया जाता रहा है। औद्योगिक नीति संकल्प (इंडस्ट्रियल पॉलिसी रिजोल्यूशन) 1948 में कुटीर एवं लघु उद्योगों पर जोर दिया गया। 1956 के नीतिगत संकल्प में बेरोजगार के अवसर प्रदान करने, स्थानीय कुशलता और पूँजीगत संसाधनों को जुटाने में लघु उद्योगों की भूमिका को मान्यता दी गई। 1977 के औद्योगिक नीतिगत विवरण में कुटीर और लघु उद्योगों पर बल तथा आनुषंगिक कार्यक्रमों (एनसिलराइजेशन प्रोग्राम) पर जोर

दिया गया। इसी वर्ष लघु उद्योग क्षेत्र में उत्पादन के लिए आरक्षित उत्पादों की सूची को पर्याप्त रूप से बढ़ाया गया। इसी नीति में जिला उद्योग केन्द्रों और लघुतम इकाइयों की अवधारणा सामने आई। 1980 के नीतिगत विवरण में लघु उद्योगों को प्रोत्साहन देने के लिए नाभिक संयंत्रों (न्यूक्लियस प्लांट्स) और अनुषंगीकरण पर बल दिया गया। लघु उद्योगों के विकास के जरिये ग्रामीण और पिछड़े इलाकों के विकास का कार्यक्रम आर्थिक विकास की रणनीति का एक मुख्य घटक है।

विगत वर्षों की औद्योगिक नीतियों में लघु उद्योग के विकास एवं उसको प्रोत्साहन देने के लिए विकासात्मक कार्यक्रमों को तैयार करने पर बहुत बल दिया गया। लघु उद्योगों के विकास में मार्गदर्शन तथा प्रोत्साहन देने के लिए केन्द्र में विकास आयुक्त (लघु उद्योग) का कार्यालय स्थापित किया गया। साथ ही सभी राज्यों में इसकी शाखाएँ खोली गईं। इसके चलते बड़ी संख्या में विशेष कार्यों के लिए स्वायत्त संस्थानों तथा निगमित निकायों (कारपोरेट बॉडीज़) की स्थापना हुई। अभी हाल तक जिला उद्योग केन्द्रों के कार्यक्रम को भारत सरकार द्वारा 50 : 50 के आधार पर वित्त पोषित किया गया। राज्य सरकारों ने भी लघु उद्योगों को प्रोत्साहन देने के लिए नीतिगत उपायों की शुरुआत की। इनमें संस्थानों, औद्योगिक परिसरों तथा विभिन्न सहायता संरचना तथा विस्तार कार्यक्रमों की शुरुआत के कदम शामिल थे।

2.1.3 लघु उद्योगों के लिए नया नीतिगत विवरण

नई आर्थिक नीतियों की घोषणा के बाद लघु उद्योगों को प्रोत्साहन देने तथा उनको मजबूत बनाने के लिए एकमुश्त नीतिगत उपाय लागू किये गए। इस नीतिगत विवरण का एक उद्देश्य यह था कि सरकार के आर्थिक विकास के लक्ष्यों में इस क्षेत्र को महत्त्व देने की प्रतिबद्धता की पुष्टि की जाय।

नए नीतिगत विवरण में लघु उद्योगों से संबंधित पुरानी नीतियों के कई सिद्धान्तों में निरंतरता दिखाई देती है जो संक्षेप में निम्नलिखित हैं :

- प्राथमिकता क्षेत्र मानकर लघु उद्योग को कर्ज मिले
- उत्पाद शुल्क में कमी के जरिये वित्तीय रियायत

बॉक्स 2-क
नई लघु उद्योग नीति की मुख्य विशेषताएँ

1. इसका प्राथमिक उद्देश्य है इस क्षेत्र को जीवंत बनाना तथा इसकी वृद्धि को गति देना। इसी क्रम में इस क्षेत्र को विनियंत्रित किया जाएगा तथा नौकरशाही से मुक्त किया जाएगा ताकि इसकी वृद्धि क्षमता के अवरोध हट जाएँ।

2. सभी नियमों, विनियमों तथा प्रक्रियाओं में ऐसा संशोधन किया जाएगा ताकि उनमें लघु एवं ग्रामीण उद्योगों के हित के विरुद्ध कोई बाधा न रहे।

3. लघुतम उद्योगों को प्रोत्साहन देने के लिए एक अलग पैकेज तथा उद्योग से संबंधित सेवा एवं व्यापार उद्यमों को लघु उद्योग के रूप में मान्यता।

4. रियायती कर्ज/आसान कर्ज के स्थान पर (कुछ विशिष्ट लक्ष्य समूहों को छोड़कर) लघु उद्योग क्षेत्र को पर्याप्तता के आधार पर समुचित ऋण प्रवाह पर बल।

5. दूसरे औद्योगिक प्रतिष्ठान को 24% तक का शेयर लघु उद्योग में रखने की छूट ताकि लघु उद्योग की पहुँच पूँजी बाजार तक हो।

6. लघु उद्योगों के बिलों के शीघ्र भुगतान को सुनिश्चित करना तथा सीमित साझीदारी कानून बनाने के लिए विधेयक लाना।

7. ग्रामीण तथा पिछड़े इलाकों में औद्योगीकरण को बढ़ावा देने के लिए एकीकृत अवसंरचना विकास की एक नई योजना लागू करना।

8. टैक्नोलॉजी डेवेलपमेंट सेल की स्थापना के जरिये बेहतर टैक्नोलॉजी पर बल तथा एस. आईडीओ में उपलब्ध सुविधाओं को बेहतर और सशक्त बनाना।

9. संस्थानों, अन्य एजेंसियों तथा सहयोग संघ पद्धति के जरिये लघु उद्योगों के विपणन (मार्केटिंग) को प्रोत्साहन देना।

10. अनुषंगीकरण को प्रोत्साहन।

11. निर्यात विकास केन्द्र (एक्सपोर्ट डेवेलपमेंट सेंटर) की स्थापना के माध्यम से निर्यात को बढ़ावा देना और मौजूदा समर्थन व्यवस्था को सुदृढ़ करना।

12. गुणवत्ता नियंत्रण को लागू करना, लघु उद्योग क्षेत्र के आधुनिकीकरण तथा बेहतर टैक्नोलॉजी के कार्यक्रम को समर्थन देना।

13. महिला उद्यमियों की परिभाषा में परिवर्तन और महिला उद्यमियों का समर्थन।

14. उद्यमिता विकास कार्यक्रमों का पर्याप्त विस्तार।

15. लघु स्तर के उद्यमी स्वतंत्र तथा अवरोधमुक्त वातावरण में कार्य कर सकें, इसके लिए नियमों तथा प्रक्रियाओं में संशोधन।

- सभी प्रकार के लघु उद्योगों के लिए समान नीतिगत ढाँचा
- लघु उद्योग क्षेत्र में उत्पादन के लिए उत्पादों की आरक्षित सूची
- सरकारी खरीद में लघु उद्योग के उत्पादों को खरीद तथा मूल्य में प्राथमिकता

2.1.4 नये उपायों के प्रेरक

जैसा पहले भी विचार किया जा चुका है कि पूर्व नीतियों के प्रतिमानों में परिवर्तन आया है। कुछ परिवर्तन दीख रहे हैं और कुछ परिवर्तन भविष्य में होंगे, इसके संकेत हैं।

बॉक्स 2-ख
बदलते समय के अनुरूप उपाय

1. लघु उद्योग की विभिन्न श्रेणियों को परिभाषित करने के लिए स्थलगत मानदंड को समाप्त कर दिया गया है। अब पूरे लघु उद्योग क्षेत्र के लिए नीतिगत पैकेज एक हो गया है—चाहे वह इकाई कहीं भी स्थित हो।

2. निवेश सीमा में वृद्धि 35 से 60 लाख रुपए की हो गई है इसलिए इस क्षेत्र का कवरेज अधिक हो गया है।

3. अलग-अलग इकाई को आर्थिक सहायता देने के बजाय बुनियादी संरचना सहूलियत देने की रणनीति बनायी गई है। इसके चलते पूँजी निवेश सहायता योजना समाप्त कर दी गई है और उसकी जगह विकास केन्द्र योजना तथा समेकित बुनियादी संरचना विकास योजना लागू की गई है।

4. सेवा क्षेत्र को लघु उद्योग में शामिल किया गया है। फिलहाल 5 लाख तक की निवेश सीमा उद्योगों से संबंधित सेवा तथा व्यापार उद्यमों के लिए रखी गई है।

5. ये नीतिगत उपाय बड़े उद्योग तथा लघु उद्योग को निकट लाने के लिए हैं। अब बड़े उद्योग 24% तक की हिस्सेदारी लघु उद्योग में कर सकते हैं।

6. स्पष्ट किया गया है कि लघुतम क्षेत्र को एकमुश्त तथा निरंतर मौद्रिक तथा वित्तीय दोनों सहायता दी जाएगी। लेकिन आधुनिक लघु उद्योगों को यह सहायता सिर्फ एक बार दी जाएगी। इस तरह लघु उद्योग क्षेत्र में भी परतीकरण किया जा सकेगा।

7. यह मान्यता निहित है कि अब लघु उद्योग क्षेत्र में संरक्षण/विनियमन की जगह गुणवत्ता, टैक्नोलॉजी तथा आधुनिकीकरण पर जोर दिया जाएगा।

आर्थिक सुधार प्रक्रिया के क्रम में उद्योग, व्यापार तथा वित्तीय नीतियों में महत्त्वपूर्ण परिवर्तन हुए हैं। फिर भी नए नीतिगत उपाय नई आर्थिक नीतियों के अनुरूप ही हैं। ये परिवर्तन हैं और ये बदलेंगे नहीं तथा इसकी परिणति नई औद्योगिक पुनर्रचना में होगी। उदारीकरण की प्रक्रिया के चलते लघु उद्योगों के समक्ष नए अवसर हैं और ये उपाय ऐसे हैं कि लघु उद्योग इन अवसरों का लाभ उठाने में सक्षम बनें। इसके अतिरिक्त विगत वर्षों में लघु उद्योग क्षेत्र ने जो उपलब्धियाँ हासिल की हैं, उनको बढ़ावा, संरक्षण तथा मार्गदर्शन देने की जरूरत पड़ेगी।

एकक-2

राज्य सरकारों की नीतियाँ और संरचना

2.2.1 राज्य सरकारों और लघु उद्योगों का पारस्परिक संबंध

लघु उद्योग का आकार तथा उनकी विविधता के चलते लघु उद्योगों के विकास और प्रोत्साहन की जिम्मेवारी राज्य सरकारों तथा उनकी संस्थाओं की ही हो सकती है। इसीलिए राज्य सरकारों ने लघु उद्योगों को प्रोत्साहन देने के लिए अपनी नीतियों की घोषणा की है। इन नीतियों के अन्तर्गत लघु उद्योगों को अनेक प्रकार की प्रत्यक्ष एवं परोक्ष सहायता मिलती है। इस तरह भारत सरकार का नीतिगत ढाँचा केन्द्र सरकार की अन्य संस्थाओं तथा राज्य सरकारों के लिए मार्गदर्शन है और इसके चलते सभी के प्रयास एक-दूसरे के पूरक हैं।

2.2.2 लघु उद्योगों के लिए सरकारी प्रयासों में तालमेल

लघु उद्योगों के पंजीकरण (रजिस्ट्रेशन) के जरिये केन्द्र तथा राज्य सरकार के बीच तालमेल को संस्थानिक रूप दिया जाता है। यह पंजीकरण योजना स्वैच्छिक है और लघु उद्योगों को प्रोत्साहित किया जाता है कि वे जिला उद्योग केन्द्र में अपना पंजीकरण करवायें। पंजीकृत इकाइयाँ प्रोत्साहन तथा सहायता की नीति के अन्तर्गत कई लाभ ले सकती हैं। साथ ही केन्द्र तथा राज्य सरकारों द्वारा दी जानेवाली प्रत्यक्ष सहायता भी उन्हें मिल सकती है।

तालिका 2-क

31 दिसम्बर तक पंजीकृत इकाइयों की कुल संख्या

क्रम सं.	राज्य/केन्द्र शासित प्रदेश	1988	1989	1990	1991	1992	1994
1.	आंध्रप्रदेश	69789	78051	85470	93281	107372	138477
2.	असम	9374	11518	11366	12805	14354	17103
3.	बिहार	59886	65192	71804	76779	83782	92695
4.	गुजरात	65553	71299	78441	85220	94879	113593
5.	हरियाणा	61229	65166	69365	74360	79953	91796
6.	हिमाचलप्रदेश	9929	10565	11107	11653	12165	13255
7.	जम्मू-कश्मीर	17935	19080	19877	21677	22653	24928
8.	कर्नाटक	62534	68300	74182	80292	88513	105674
9.	केरल	43900	49574	57738	78420	86595	116890
10.	मध्यप्रदेश	139700	149239	160896	172545	184245	240556
11.	महाराष्ट्र	54610	53995	56837	59953	68003	75580
12.	मणिपुर	2890	3719	4152	4059	4310	4797
13.	मेघालय	1003	1114	1233	1368	1616	1765
14.	नगालैंड	509	547	580	615	642	704
15.	ओड़िसा	16061	15251	15736	16004	16505	17704
16.	पंजाब	96519	106526	115003	124453	134337	134956
17.	राजस्थान	56761	58367	59931	62393	64437	68872
18.	तमिलनाडु	86499	96501	107503	116940	133807	183838
19.	त्रिपुरा	3252	4054	4411	4967	5665	7224
20.	उत्तरप्रदेश	145797	161017	185566	217376	247907	300345
21.	सिक्किम	109	131	185	209	224	261
22.	अरुणाचलप्रदेश	365	451	474	525	571	1121

23. पश्चिम बंगाल	131656	134619	137526	139878	142508	144943
24. मिजोरम	1694	2087	2245	2478	2638	2693
25. गोवा	4494	4794	4947	5146	5381	5770
26. अंडमान-निकोबार	537	586	653	795	852	961
27. चंडीगढ़	2401	2512	2656	2765	2844	3357
28. दादरा एवं नागर हवेली	272	278	284	282	306	389
29. दिल्ली	23817	24804	25774	26228	26606	28353
30. लक्षद्वीप	—	—	104	144	184	264
31. पांडिचेरी	2380	2631	2893	3190	3517	4023
32. दमन एवं दिव	228	259	344	385	440	562
कुल	1171034	1262238	1369283	1498193	1637812	1943519

पंजीकरण योजना और लघु इकाइयों को पंजीकृत कराने की प्रक्रिया का ब्यौरा ब्लॉक 4 एकक 2 में दिया गया है।

विगत वर्षों में केन्द्र तथा विभिन्न राज्य सरकारों के यहाँ पंजीकृत इकाइयों की संख्या में उल्लेखनीय वृद्धि हुई है। दिसम्बर 1992 तक विभिन्न राज्यों/केन्द्रशासित क्षेत्रों में पंजीकृत इकाइयों की संख्या 16.37 लाख थी। पिछले पाँच वर्षों में पंजीकृत इकाइयों की संख्या को तालिका 2-क में दर्शाया गया है।

2.2.3 राज्य सरकारों की नीतियाँ एवं कार्यक्रम

लघु उद्योग के विकास के लिए राज्य सरकारें भी नीतियाँ तैयार करती हैं तथा उन्हें क्रियान्वित करती हैं। ये नीतियाँ राज्य में स्थापित जिला केन्द्रों के माध्यम से लागू की जाती हैं। बुनियादी संरचना का विकास तथा तकनीकी सहायता सेवा राज्य वित्त निगम, बुनियादी संरचना विकास निगम, लघु उद्योग निगम, निर्यात निगम तथा अन्य संबंधित संस्थागत एजेंसियों के द्वारा प्रदान की जाती हैं।

2.2.4 जिला उद्योग केन्द्र (डी.आई.सी)

महानगरों को छोड़कर देश के प्रायः सभी जिलों के लिए लगभग 422 जिला उद्योग केन्द्र स्थापित किए गए हैं। यह केन्द्र सरकार द्वारा प्रायोजित कार्यक्रम के रूप में केन्द्र की 50% सहायता से मई 1978 में शुरू किया गया था।

जिला उद्योग केन्द्र की परिकल्पना जिला स्तर पर एकल रूप से लघु उद्योगों से संपर्क बनाये रखने के लिए की गई थी। इस केन्द्र के जरिये लघु उद्योगों को एक ही कार्यालय से सेवाएँ तथा समर्थन दिये जाते हैं। ये केन्द्र राज्य तथा केन्द्र सरकारों के विभिन्न कार्यक्रमों तथा योजनाओं को लागू करते हैं।

जिला उद्योग केन्द्रों में लघु उद्योगों का पंजीकरण होता है।

इन केन्द्रों का प्रबंध राज्य सरकारें देखती हैं। अब यह योजना राज्य सरकारों को सौंप दी गई है तथा वित्तीय वर्ष 1993-94 से राज्य सरकारें ही जिला उद्योग केन्द्रों का खर्च वहन कर रही हैं।

बॉक्स 2-ग

जिला उद्योग केन्द्र कार्यक्रम

उत्पत्ति

1977 के औद्योगिक नीतिगत विवरण की सिफारिश पर जिला उद्योग केन्द्र स्थापित किए गए। ग्रामीण, पिछड़े इलाकों तथा कस्बों में स्थापित कुटीर तथा लघु उद्योगों को जिला स्तर पर सहायता प्रदान करनेवाले एक प्रशासकीय ढाँचे के रूप में ऐसे केन्द्रों की स्थापना जरूरी समझी गई। इनका उद्देश्य यह था कि समर्थन सिर्फ महानगरों तथा राजधानियों में सिमटे रहने के बजाय जिला मुख्यालय तक पहुँचे।

उद्देश्य

लघु उद्यमी को जिन सेवाओं तथा समर्थनों—यानी निवेश के पहले, निवेश के दौरान तथा निवेश के बाद—की जरूरत लघु उद्योग के लिए होती है, वे सभी उसे जिला उद्योग केन्द्र से ही मिल जाएँ। इनमें स्थानीय संसाधन का आर्थिक अन्वेषण, कच्चे माल का प्रावधान, ऋण सुविधाओं का प्रबंध, विपणन व गुणवत्ता निवेश, परामर्श तथा विस्तार सेवाएँ सम्मिलित हैं।

क्रियाकलाप

➢ **विनियामक**

क. इकाइयों का पंजीकरण

ख. नीति क्रियान्वयन से संबंधित क्रियाकलाप

ग. प्रशासकीय कार्य (विवाद निपटान समेत)

➢ **केन्द्र तथा राज्य सरकारों के कार्यक्रमों का क्रियान्वयन तथा निगरानी**

➢ **सरकारी एजेंसियों से मिलनेवाली सहायता के लिए निम्नलिखित मामलों में सिफारिश :**

क. मशीनरी

ख. वित्त

ग. सामग्री की खरीद

घ. पंजीकरण तथा लाइसेंस जारी करना

➢ **निम्न मदों के लिए प्रोत्साहन :**

क. प्रोजेक्ट रिपोर्ट बनाना

ख. जिला कार्य योजना

ग. उद्यमिता विकास

घ. सर्वेक्षण

ङ. परामर्श

च. अनुरक्षण सेवाएँ (एस्कॉर्ट सर्विसेज़)

2.2.5 भारत सरकार, राज्य सरकारों तथा उद्योग में परस्पर संपर्क-सम्बन्ध

पंजीकरण योजना केन्द्र तथा राज्य सरकारों के बीच समन्वय हेतु प्राथमिक संस्थागत आधार प्रदान करती है। कई और तरीकों से भी राज्य सरकारों तथा उद्योग समूहों के बीच संबंध बना रहता है। ये निम्नलिखित हैं :

1. सलाहकार समितियों/शासी बोर्डों में प्रतिनिधित्व

संस्थानों और उद्योगों के बीच निकट सम्पर्क बनाने के लिए विभिन्न संस्थानों की सलाहकार समितियों/शासी बोर्डों में लघु उद्योग विभाग व उद्योग समूहों से सदस्य बनाये जाते हैं। विभिन्न नीतिगत सलाह निकायों/एजेंसियों में लघु उद्योगों के अपर्याप्त प्रतिनिधित्व को लेकर कुछ आशंकाएँ रही हैं। वित्तीय संस्थानों तथा व्यापार, उद्योग तथा वित्त से संबंधित विभिन्न सलाहकार संस्थाओं में लघु उद्योग क्षेत्र का प्रतिनिधित्व बढ़ाने के प्रयास जारी हैं।

2. संघों/चैम्बरों/परिषदों के साथ पारस्परिक संपर्क

विभिन्न उद्योग समूहों के साथ पारस्परिक संपर्क की स्वस्थ तथा संतुलित पद्धति मौजूद है। इसे संगोष्ठियों, कार्यशालाओं, बैठकों और ऐसे अन्य मंचों के माध्यम से प्रोत्साहित किया जाता है।

3. राज्यस्तरीय अंतर-संस्थागत समिति (एस.एल.आई.आई.सी.)

राज्य स्तर पर वित्तीय संस्थानों/बैंकों द्वारा प्रदत्त आवधिक ऋण (टर्म लोन) एवं कार्यशील पूँजी की निगरानी, बीमार लघु इकाइयों के पुनर्वास पैकेज की निगरानी और ऋण देनेवाली अन्य कार्यवाहियों के लिए समिति का गठन किया गया है। इसमें भारतीय रिजर्व बैंक, व्यापारिक बैंकों, वित्तीय संस्थानों, लघु उद्योग विभागों तथा राज्य सरकार एवं उसकी एजेंसियों के प्रतिनिधि शामिल किए जाते हैं।

4. आंकड़ों का संग्रह

विकास आयुक्त (लघु उद्योग (कार्यालय) पंजीकृत लघु इकाइयों के दो प्रतिशत को नमूना मानकर लघु उद्योग के लिए औद्योगिक उत्पादन के सूचकांक की गणना करता है। पंजीकरण आँकड़ों के आधार पर लघु उद्योग से संबंधित विभिन्न आँकड़ों को भी जमा किया जाता है। लघु उद्योगों की वृद्धि की निगरानी के लिए ये सारे क्रियाकलाप राज्य उद्योग निदेशालय तथा जिला उद्योग केन्द्रों के सक्रिय सहयोग से पूरा किया जाता है।

लघु उद्योगों से संबंधित द्वितीय अखिल भारतीय गणना (सेंसस) केन्द्र तथा राज्य सरकारों के बीच समन्वय का अनुकरणीय उदाहरण है।

5. राज्य सरकारों को सहायता सेवाएँ

राज्य/जिला स्तर पर प्रोत्साहन से जुड़ी एजेंसियों को सलाह एवं सूचना वितरण में लघु उद्योग विभाग के लघु उद्योग सेवा संस्थान नोडल एजेंसी (समन्वय करनेवाली एजेंसी) के रूप में कार्य करते हैं। लघु उद्योग सेवा संस्थान राज्य एजेंसियों को कई प्रकार की सहायता सेवाएँ प्रदान करते हैं। यथा :

- परियोजना रूपरेखा (प्रोजेक्ट प्रोफाइल)
- राज्य संभाव्यता सर्वेक्षण
- जिला संभाव्यता सर्वेक्षण
- बाजार संबंधी सूचना
- व्यापार सूचना
- उद्यमिता विकास कार्यक्रम एवं परामर्श
- आधुनिकीकरण अध्ययन
- संयंत्र अध्ययन

2.2.6 राज्यों की नीतियाँ तथा स्कीम

राज्य सरकारें उद्योग निदेशालयों और जिला उद्योग केन्द्रों के माध्यम से लघु इकाइयों को तकनीकी और अन्य सहायता सेवाएँ प्रदान करती हैं। सहायता और सुविधाओं के मुख्य स्रोत हैं :

- औद्योगिक परिसरों का निर्माण तथा प्रोत्साहन
- बिक्रीकर में आस्थगन/रियायत
- बिजली के लिए रियायती सहायता
- विभिन्न जिलों में स्थापित नई इकाइयों को पूँजीगत सहायता
- शुरुआती पूँजी (सीड कैपिटल)/उपांत राशि (मार्जिन मनी) सहायता स्कीम
- औद्योगिक क्षेत्र में भूमि शेडों के आबंटन के लिए हायर परचेज स्कीम
- बिजली, पानी कनेक्शन आदि विभिन्न सुविधाओं में प्राथमिकता
- परामर्श तथा तकनीकी सहायता सेवाएँ

राज्य वित्त निगम लघु इकाइयों को आवधिक ऋण (टर्म लोन) प्रदान करते हैं।

राज्य औद्योगिक विकास निगम और भूमि विकास निगम उपकरणों को पट्टे पर लेने, संयंत्र एवं मशीनरी की खरीद, भूमि विकास, औद्योगिक सम्पदाओं का संवर्धन (प्रोमोशन) और अन्य विकास प्रयासों में सहायता करते हैं।

राज्य वित्त निगमों के उद्देश्यों और क्रियाकलापों की झलक बॉक्स 2-घ में दी गई है।

राज्य सरकारों की लघु उद्योगों से संबंधित नीतियों और प्रोत्साहनों की आम संरचना बॉक्स 2-च में दी गई है।

बॉक्स 2-घ

राज्य वित्त निगमों (एस. एफ. सी.) की विशेषताएँ

- राज्य वित्त निगम जिला स्तर पर लघु और मँझोले उद्योगों को वित्त प्रदान करने और उनको संवर्द्धित करने के उद्देश्यों से काम करते हैं।
- देश में अभी 18 राज्य वित्त निगम हैं।
- राज्य वित्त निगम औद्योगिक इकाइयों को आवधिक ऋण/पूँजी में हिस्सेदारी/डिबेंचर, गारंटी तथा बिल ऑफ एक्सचैंज की डिसकाउंटिंग भी करते हैं।
- राज्य वित्त निगम वर्ष भर में 40000 से भी अधिक इकाइयों को वित्तीय सहायता प्रदान करते हैं। अभी 88 प्रतिशत से अधिक इकाइयाँ राज्य वित्त निगम से सहायता प्राप्त हैं।
- राज्य वित्त निगम लघु उद्योगों के लिए आई.डी.बी.आई./एस.आई. डी.बी.आई की पुनर्वित्त पोषण (रिफाइनेंस) की योजनाएँ चलाते हैं।
- अगस्त, 1993 से राज्य वित्त निगमों को एस.एल.आर. बॉन्ड के माध्यम से और संसाधन जुटाने की अनुमति दे दी गई है।

बॉक्स 2-च
लघु उद्योग के लिए राज्य सरकारों की नीतियों तथा प्रोत्साहनों की आम संरचना

- औद्योगिक विकास तथा निवेश निगमों द्वारा औद्योगिक क्षेत्रों का विकास तथा प्रबंधन
- नई इकाइयों के लिए नियत निवेश (अधिकतम सीमा तक ही) के 15 से 25 प्रतिशत तक पूँजी निवेश सहायता
- इकाइयों को नियत अवधि (पाँच से दस वर्ष) तक बिक्रीकर का आस्थगन छूट। इस लाभ की मात्रा नियत पूँजी निवेश और कर दायित्वों के द्वारा सीमित है।
- वैकल्पिक ऊर्जा स्रोतों से प्राप्त ऊर्जा का उपभोग करने पर प्रोत्साहन तथा सब्सिडी
- महिला एवं कमजोर वर्गों के लिए विशेष सहायता योजना
- आसान शर्तों पर शुरुआती पूँजी (सीड कैपिटल)/उपांत राशि (मार्जिनल मनी) सहायता योजना
- आधुनिकीकरण, टैक्नोलॉजी में बेहतरी के लिए फीजिबिलिटी स्टडी। परामर्श पर आई लागत में सहायता देना
- हायर परचेज अथवा पट्टे पर भूमि/शेड का आबंटन
- अनुमति प्रदान करने तथा विवादों के निपटान के लिए जिला/राज्य स्तर पर अधिकारसंपन्न समितियों का गठन
- पिछड़े/उद्योगविहीन जिलों में अग्रणी इकाइयाँ स्थापित करने के लिए और अधिक प्रोत्साहन
- संयुक्त/सहायता क्षेत्र परियोजनाओं में राज्य निगमों द्वारा भागीदारी

एकक-3

संस्थागत सहायता

भारत सरकार का लघु उद्योग विभाग लघु उद्योगों के विकास तथा प्रोत्साहन के लिए नीतिगत ढाँचा तैयार करता है। यह लघु उद्योग क्षेत्र की वृद्धि तथा निष्पादन (परफॉरमेंस) पर नजर रखता है, उसका मूल्यांकन करता है और इस क्षेत्र के लिए उपयुक्त नीतियों, कार्यक्रमों एवं स्कीमों को क्रियान्वित करता है। इसलिए यह लघु उद्योगों के समर्थन में कार्यरत सर्वोच्च संस्थान माना जाता है। लघु उद्योग के क्षेत्र को केन्द्र और राज्य सरकारों के अनेक संस्थानों, स्वायत्त संस्थानों तथा गैर-सरकारी संगठनों की भी सहायता प्राप्त है। इन सबका संक्षिप्त ब्यौरा इस एकक में दिया गया है।

2.3.1 विकास आयुक्त (लघु उद्योग) लघु उद्योग विकास संगठन (स्मॉल इंडस्ट्रीज़ डेवेलपमेंट आर्गनाइजेशन –एस.आई.डी.ओ.–सीडो)

यह लघु उद्योग विभाग का एक अधीनस्थ कार्यालय है। यह लघु उद्योगों के विकास एवं संवर्धन हेतु नीतियों और कार्यक्रमों को बनाने, उनके समन्वय तथा अनुश्रवण (मोनिटरिंग) के लिए एक नोडल एजेंसी है तथा शीर्ष निकाय (एपेक्स बॉडी) है।

यह लघु उद्योग इकाइयों को तकनीकी एवं प्रबंधन से संबंधित परामर्श, प्रशिक्षण, सामान्य सुविधा सेवाएँ, परीक्षण तथा उपकरण सुविधाएँ, विपणन (मार्केटिंग)

सहित तरह-तरह की समग्र सेवाएँ प्रदान करता है।

सीडो द्वारा प्रदत्त सेवाएँ

सीडो और उससे संबंधित संस्थानों से लघु इकाइयों को कई प्रकार की सेवाएँ मिल रही हैं। उनका ब्यौरा निम्नलिखित है :

(1) उद्यमिता विकास तथा प्रशिक्षण

लघु उद्योग सेवा संस्थान तथा उनकी शाखाएँ सीडो के मार्गदर्शन में अनेक प्रकार के उद्यमिता विकास कार्यक्रम चलाती हैं। नए उद्यमियों तथा निवेशकों को प्रबंधन संबंधी जानकारी दी जाती है तथा उद्यमियों के लक्षित समूहों के लिए विशेष पाठ्यक्रम चलाए जाते हैं। ये पाठ्यक्रम लघु उद्योग सेवा संस्थानों एवं उनकी शाखाओं तथा राष्ट्रीय स्तर के संस्थान--नेशनल इंस्टिट्यूट फॉर आंत्रेप्रेन्यरशिप एंड स्मॉल बिजनेस डेवेलपमेंट (1983 में स्थापित)–में उपलब्ध तकनीकी विशेषज्ञों के सहयोग से चलाए जाते हैं। यह निकाय उद्यमिता विकास प्रशिक्षणार्थियों को प्रशिक्षण प्रदान करता है और नियमित प्रशिक्षणार्थियों के उपयोग के लिए प्रशिक्षण में सहायक सामग्री तैयार करता है।

(1) विस्तार एवं प्रशिक्षण सेवाएँ

सीडो के तत्वाधान में एक अन्य राष्ट्रीय स्तर का संस्थान–नेशनल इंस्टिट्यूट फॉर स्माल इंडस्ट्री एक्सटेंशन एंड ट्रेनिंग–स्थापित किया गया था। ऐसा ही दूसरा संस्थान है निलोखेड़ी स्थित इंटीग्रेटिड ट्रेनिंग सेंटर। इसमें दस्तकारों/कामगारों को तकनीकी प्रशिक्षण दिया जाता है। यहाँ ट्रेनिंग के लिए राज्य सरकारें लोगों को प्रायोजित करती हैं। विभिन्न विकास संगठनों में काम करनेवाले विस्तार अधिकारियों (एक्सटेंशन ऑफीसर) को भी प्रशिक्षण दिया जाता है।

(2) कौशल विकास

लघु उद्योग सेवा संस्थानों तथा उनकी शाखाओं से संबंधित विभिन्न कार्यशालाओं (वर्कशाप) तथा संस्थानों (जैसे परीक्षण केंद्र, टूलरूम) में कुशलता विकास के लिए तकनीशियनों तथा कामगारों को प्रशिक्षण दिया जाता है। एक उदाहरण देखें : सेंट्रल फुटवीयर ट्रेनिंग सेंटर (सी.एफ.टी.सी.) जूते व्यवसाय के कामगारों को प्रशिक्षण देता है।

(3) उद्यमिता विकास संस्थानों को सहायता

राज्यों में उद्यमिता विकास संस्थानों की स्थापना करने तथा पहले से बने सस्थानों

को मजबूत करने के लिए पूँजीगत और राजस्व अनुदान के रूप में अधिकतम 50 लाख रुपए प्रति राज्य तक राज्यों को सहायता प्रदान करने की एक नई स्कीम बनायी गई है। 1992-93 के दौरान उत्तरप्रदेश और कर्नाटक के उद्यमिता विकास संस्थानों को मजबूत बनाने के लिए प्रत्येक को 22.5 लाख रुपए का अनुदान दिया गया।

मार्च 1993 में भारतीय उद्यमिता संस्थान गुवाहाटी में स्थापित किया गया।

(5) प्रोजेक्ट प्रोफाइल तैयार करना

केन्द्र/राज्य स्तर पर सीडो के तकनीकी अधिकारी नियमित रूप से विभिन्न उत्पाद समूहों के लिए प्रोजेक्ट प्रोफाइल बनाते हैं तथा उन्हें समय-समय पर अद्यतन (अपडेट) करते रहते हैं। फिर इसे प्रचारित-प्रसारित किया जाता है ताकि उद्यमी इसका उपयोग कर सकें। वर्ष में लगभग 1000 प्रोजेक्ट प्रोफाइल तैयार किए जाते हैं।

(6) संयंत्र आधुनिकीकरण अध्ययन

घने औद्योगिक इलाकों में स्थित विशेष इकाइयों का संयंत्र अध्ययन विस्तार से किया जाता है। इस अध्ययन में चालू प्रक्रियाओं/टैक्नोलॉजी को रेखांकित किया जाता है ताकि उसकी आधुनिकीकरण की योजना तथा कार्यक्रम व्यावहारिक अनुभवों के आधार पर बनाये जा सकें। साथ ही उन इकाइयों को प्रोत्साहन दिया जाता है कि वे अपने यहाँ आधुनिकीकरण की परियोजना चलाएँ। आगे चलकर ऐसी इकाइयों की सफलता का प्रभाव आसपास की इकाइयों पर भी पड़ता है। ऐसे औसतन 10-20 अध्ययन वर्ष में विभिन्न उत्पाद समूहों के लिए किए जाते हैं।

(7) परीक्षण सेवाएँ

क्षेत्रीय परीक्षण केन्द्रों (रीजनल टेस्टिंग सेंटर) तथा क्षेत्रस्थ परीक्षण केन्द्रों (फील्ड टेस्टिंग स्टेशन) एवं लघु उद्योग सेवा संस्थानों से जुड़ी कार्यशालाओं में परीक्षण सुविधाएँ उपलब्ध हैं। परीक्षण के अलावा ये संस्थान लघु उद्योगों से माल खरीदनेवालों को प्रमाणन (सर्टिफिकेशन) तथा पक्ष आश्वासन (पार्टी एश्योरेंस) भी प्रदान करते हैं। परीक्षण करनेवालों को प्रशिक्षण देने का भी काम ये केन्द्र करते हैं। इन केन्द्रों का लगभग आधा खर्च जॉब वर्क के जरिये ही निकल आता है।

(8) उपसंविदा केन्द्र (एस.सी.ई.)

देश भर के मुख्य लघु सेवा संस्थानों में 16 उपसंविदा केन्द्र स्थापित किए गए हैं। उनके कार्य हैं :

- लघु उद्योग में उपलब्ध खाली क्षमता (आइडल कैपेसिटी) का पंजीकरण करना
- बेकार क्षमताओं को उपयोग में लाने के लिए बड़ी इकाइयों की आवश्यकता की पहचान करना
- विक्रेता विकास कार्यक्रमों (वेंडर डेवेलपमेंट प्रोग्राम्स), प्रदर्शनियों तथा प्रोत्साहन कार्यक्रमों का आयोजन करना
- लघु एवं बड़ी इकाइयों के बीच संबंध को घनिष्ठ बनाना

उपसंविदा केन्द्र के क्रियाकलापों को सुदृढ़ करने के प्रयास किए जा रहे हैं और देश भर में निजी उद्यमों को ऐसे उपसंविदा केन्द्रों को स्थापित करने के लिए प्रोत्साहित किया जा रहा है।

(9) टूलरूम तथा प्रॉडक्ट एंड प्रोसेस डेवेलपमेंट सेंटर की स्थापना

ये निम्नलिखित सेवाएँ प्रदान करते हैं :

- औजारों, जिग्स, फिक्शरों का डिजाइन/निर्माण करना
- औजारों इत्यादि के निर्माण के लिए सेवा सुविधाएँ
- औजार निर्माताओं को प्रशिक्षण
- उद्यमियों के लिए अल्पावधि/अशंकालीन पाठ्यक्रम
- विशिष्ट उद्योग समूहों में प्रक्रिया-सह-उत्पाद विकास कार्य

लघु उद्योगों का जॉब वर्क करके औजार कक्ष (टूलरूम) तथा प्रक्रिया-सह-उत्पाद विकास केन्द्र राजस्व अर्जित करते हैं।

सीडो की योजना राशि

भारत सरकार के योजनागत परिव्यय (प्लान आउट ले) के माध्यम से सीडो द्वारा संचालित विभिन्न स्कीमों और कार्यक्रमों का वित्त-पोषण किया जाता है।

बॉक्स 2-छ
सीडो संस्थानों द्वारा अर्जित राजस्व

लघु उद्योग सेवा संस्थान/केन्द्रीय परीक्षण केन्द्र/टूलरूम/प्रोसेस एण्ड प्रोडक्ट डेवेलपमेंट सेंटर आदि जॉब वर्क से राजस्व अर्जित करते हैं। लघु उद्योगों की सहायता के लिए सामान्यत: यह कार्य बाजार दरों से कम मूल्य पर किया जाता है। वर्ष 1994-95 के दौरान विभिन्न संस्थानों द्वारा अर्जित राजस्व निम्नलिखित हैं :

संस्थान	अर्जित राजस्व (लाख रुपए में)
लघु उद्योग सेवा संस्थान	52.85
क्षेत्रीय परीक्षण केन्द्र	91.10
टूलरूम	374.7

इस वर्ष राजस्व प्राप्ति ऊँची रही है और भविष्य में इसमें और सुधार की आशा है।

पिछले कुछ वर्षों में सीडो के योजना परिव्यय का आधार तालिका-2 ख में दिखलाया गया है।

तालिका 2-ख

क्रम सं.	वर्ष	अनुमोदित योजना परिव्यय (करोड़ रुपए में)
1.	1985-90 (सातवीं पंचवर्षीय योजना)	564.70
2.	1990-91	102.29
3.	1991-92	125.84
4.	1992-93	120.20
5.	1993-94	138.70
6.	1994-95	235.00
7.	1992-97 (आठवीं योजना)	627.00

सीडो द्वारा संचालित मुख्य स्कीमों और कार्यक्रमों के योजनागत परिव्यय को नीचे दर्शाया गया है।

तालिका 2-ग

क्रम सं.	स्कीम	योजनागत परिव्यय 1994-95	1995-96	आठवीं योजना अवधि (करोड़ में)
1.	प्रधानमंत्री रोजगार योजना	145.00	145.00	598.00
2.	समेकित बुनियादी संरचना विकास स्कीम	20.00	21.00	50.00
3.	टूलरूम	46.89	24.00	105.05
4.	प्रोसेस-कम-प्रोडक्ट डेवेलपमेंट सेंटर	2.11	2.34	58.00
5.	आधुनिकीकरण एवं टैक्नोलॉजी में बेहतरी	2.65	7.55	15.80
6.	मानव संसाधन विकास	3.67	3.92	19.00
7.	मैनेजमेट इन्फारमेशन सिस्टम	6.92	7.40	27.93

2.3.2 लघु उद्योग सेवा संस्थान (एस.आई.एस.आई.)

देश भर में राज्य की राजधानियों तथा अन्य स्थानों पर 28 लघु उद्योग सेवा संस्थान तथा इसकी 30 शाखाएँ स्थापित की गई हैं। इन लघु उद्योग सेवा संस्थानों का पता परिशिष्ट में दिया गया है।

मुख्य क्रियाकलाप

- केन्द्र तथा राज्य सरकारों के बीच संबंध का माध्यम बनना
- तकनीकी सहायता तथा परामर्श सेवाएँ देना
- उद्यमिता विकास कार्यक्रम चलाना
- विकास के लिए प्रयास करना
- निर्यात प्रोत्साहन के लिए संपर्क कार्य करना

2.3.3 राष्ट्रीय लघु उद्योग निगम (एन.एस.आई.सी.)

1955 में स्थापित राष्ट्रीय लघु उद्योग निगम भारत सरकार का एक उद्यम है।

पिछले वर्षों में यह संस्थान लघु उद्योगों को टैक्नोलॉजी तथा विपणन में सहायता करनेवाले अग्रणी संस्थान के रूप में उभरा है।

मुख्य क्रियाकलाप

- लघु उद्योगों को हायर परचेज स्कीम पर मशीनरी देना
- पट्टे पर उपकरण देना
- सामूहिक विपणन के तहत विपणन सहायता कार्यक्रम चलाना
- विपणन हेतु एकल बिंदु पंजीकरण योजना
- टैक्नोलॉजी के क्षेत्र में सहायता
- विकास और प्रशिक्षण कार्यक्रम चलाना
- कच्चा माल सहायता

वर्ष 1995-96 के दौरान इस संस्था के कारोबार को तालिका 2-घ में दिखलाया गया है।

यह संस्थान आज 30,000 से अधिक लघु उद्योगों को सहायता दे रहा है। लघु उद्योग इस पर भरोसा करते हैं इसीलिए पिछले दशक में प्रतिवर्ष संयुक्त वृद्धि दर 30 प्रतिशत थी।

तालिका 2-घ

क्रम सं.	कार्यक्रम	कारोबार (लाख रुपए में)
1.	हायर परचेज	215.07
2.	पट्टे पर उपकरण (किराया तथा दी गई मशीनों का मूल्य)	1708.40
3.	विपणन (उत्पादों की कीमत, कच्चा माल सहायता तथा निर्यात समेत)	12857.36
4.	प्रोटोटाइप विकास एवं प्रशिक्षण (प्रदत्त सेवाएँ तथा बनाए गए उत्पादों की बिक्री से आय)	566.71

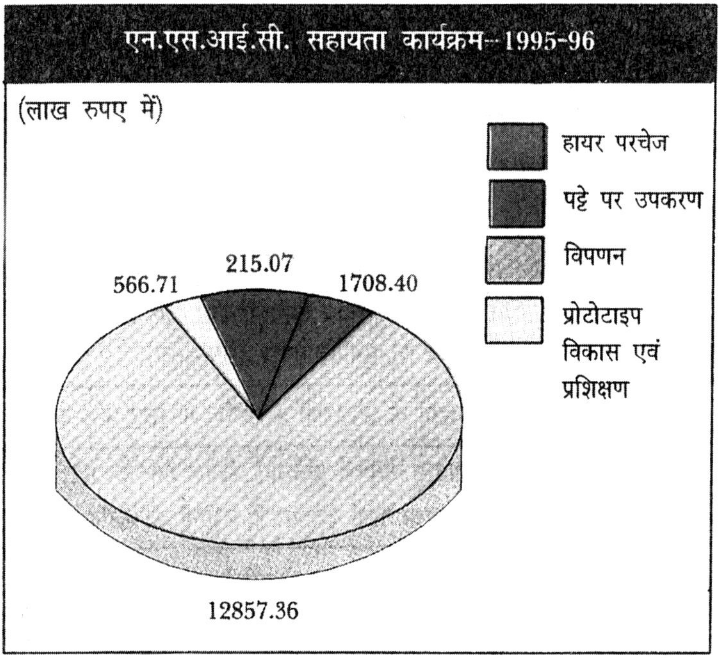

(स्रोत : तालिका 2-घ) चित्र : 2.1

2.3.4 राष्ट्रीय उद्यमिता एवं लघु व्यवसाय विकास संस्थान (एन.आई.ई.एस.बी.डी.–निसबड)

लघु उद्योग और व्यवसाय के क्षेत्र में उद्यमिता विकास से सम्बद्ध विभिन्न संस्थानों/एजेंसियों के क्रियाकलापों के समन्वय तथा निरीक्षण के लिए 1983 में उद्योग मंत्रालय, भारत सरकार द्वारा इस संस्थान की स्थापना की गई थी।

उद्देश्य

- उद्यमिता विकास की प्रक्रिया को तेज करने के लिए एक राष्ट्रीय स्तर के संसाधन संस्थान के रूप में कार्य करना
- उद्यमिता विकास कार्यक्रमों को चलाने के लिए अन्य संस्थानों की सहायता करना
- प्रोमोटरों, उद्यमियों को सूचना उपलब्ध कराना
- पाठ्यक्रम आयोजित करना तथा प्रमाणपत्र देना
- विचार-विमर्श तथा मेलजोल के लिए राष्ट्रीय-अन्तर्राष्ट्रीय स्तर का मंच प्रदान करना
- प्रशिक्षणार्थियों को प्रशिक्षण देना

2.3.5 भारतीय लघु उद्योग विकास बैंक (एस.आई.डी.बी.आई–सिडनी)

लघु उद्योग क्षेत्र की ऋण आवश्यकताओं को पूरा करने के लिए स्थापित यह शीर्षस्थ बैंक है। इस बैंक ने 2 अप्रैल 1990 से काम करना शुरू किया है।

बॉक्स 2-ज सिडबी की वित्तीय सहायता स्कीमें (संक्षेप में)
● बैंकों तथा राज्य वित्तीय संस्थानों द्वारा दिए जानेवाले आवधिक ऋणों (टर्म लोन) का पुनर्वित्तपोषण (रिफाइनेंस)
● लघु इकाइयों के उपकरणों की खरीद के लिए ऋण का पुनर्वित्तपोषण
● घरेलू गुणवत्ता नियंत्रण सुविधाएँ, डीजल जेनरेटिंग सेट, प्रदूषण नियंत्रण उपकरणों तथा ऊर्जा बचानेवाली मशीनों की खरीद का पुनर्वित्तपोषण
● लघु उद्योगों का विपणन करनेवाले विपणन संगठनों को वित्तीय सहायता
● लघु उद्योगों के लिए औद्योगिक परिसर स्थापित करनेवाले संगठनों/संस्थानों को कर्ज
● भागीदारी शैली वाली सहायता, मसलन शुरुआती पूँजी योजना, राष्ट्रीय भागीदारी निधि स्कीम (नेशनल इक्विटी फंड स्कीम)
● लघु उद्योग को आवधिक कर्ज तथा कार्यशील पूँजी दोनों एक ही एजेंसी के माध्यम से प्रदान करने के लिए एकल स्रोत योजना
● महिला उद्यमियों की विशेष स्कीमों का पुनर्वित्तपोषण
● आस्थगित भुगतान शर्तों पर मशीनरी की प्राप्ति/बिक्री हेतु बिल डिसकाउंटिंग
● उपस्करों तथा उपकरणों के लिए डाइरेक्ट डिस्काउंटिंग
● निर्यातोन्मुख इकाइयों को विदेशी मुद्रा में प्री-शिपमैंट क्रेडिट का भुगतान

20 करोड़ रुपए की धनराशि से उद्यम पूँजी निधि (वेंचर कैपिटल फंड) की स्थापना
लघु उद्योग को प्रोत्साहित करनेवाली आढ़ती कंपनियों तथा अन्य संस्थाओं को संसाधन की सहायता

वर्ष 1993-94 तक सिडबी ने 13795 करोड़ रुपए की एकल सहायता दी है और भुगतान 10960 करोड़ रु. का हुआ है। सिडबी द्वारा शुरू की गई नई स्कीमों में लघु उद्योगों के लिए फैक्टरिंग सेवाएँ और वेंचर कैपिटल फंड शामिल हैं।

तालिका 2-च
सिडबी के क्रियाकलापों का ब्यौरा

	1990-91		1991-92		1992-93		1993-94	
	स्वीकृत	वितरित	स्वीकृत	वितरित	स्वीकृत	वितरित	स्वीकृत	वितरित
पुनर्वित्तपोषण	2052.2	1561.5	2299.0	1634.5	2026.8	1449.9	1766.5	1390.9
आवधिक ऋण–								
औद्योगिक प्रतिष्ठान	2.9	0.0	13.3	3.1	16.7	3.4	91.8	35.0
लीजिंग कंपनी	5.5	0.7	26.0	7.2	51.3	32.6	237.0	205.6
संसाधन सहायता :								
आढ़ती कंपनियाँ	0.0	0.0	7.0	7.0	20.0	11.0	30.0	27.5
दूसरे संस्थान	73.0	72.1	25.8	17.1	30.0	31.6	144.3	96.3
बिल फाइनेंसिंग :								
डाइरेक्ट डिस्काउंटिंग :								
–उपकरण	20.9	15.1	118.6	83.9	198.9	139.5	288.0	203.7
–पुर्जे	5.1	5.0	66.7	63.8	300.9	288.6	583.3	560.8
रीडिस्काउंटिंग :								
–लांग टर्म बिल	240.0	178.6	277.9	201.1	253.9	181.2	205.6	146.3
–शॉर्ट टर्म बिल	415.0	415.0	560.7	560.7	641.5	641.5	660.0	660.0
भागीदारी जैसी सहायता	7.1	5.5	11.6	9.7	9.9	8.0	6.0	5.2
वेंचर कैपिटल	0.0	0.0	0.0	0.0	0.0	0.0	1.6	0.0
कुल	2823.7	2253.5	3406.6	2588.1	3549.9	2787.3	4014.1	3331.3

2.3.6 लघु उद्योग को समर्थन देनेवाली अन्य स्वायत्त संस्थाएँ

लघु उद्योगों को विभिन्न प्रकार की सहायता देनेवाली राष्ट्रीय स्तर की अनेक संस्थाएँ हैं। कुछ महत्त्वपूर्ण संस्थाएँ हैं :

1. नेशनल इंस्टिट्यूट ऑफ स्माल इंडस्ट्री एक्सटेंशन एंड ट्रेनिंग (एन.आई.एस.आई.ई.टी) की दो शाखाएँ हैदराबाद तथा गुवाहाटी में स्थित हैं। यहाँ लघु उद्योग से जुड़ी संस्थाओं को प्रशिक्षण, विकास, प्रबंधन तथा आँकड़ा संग्रह के क्षेत्र में सहायता प्रदान की जाती है।
2. नेशनल इंस्टिट्यूट ऑफ डिजाइन, अहमदाबाद, देश का अग्रणी डिजाइन स्कूल है। यह संस्था फर्नीचर, सेरामिक्स, टेक्सटाइल प्रिंटिंग, चमड़ा, प्लास्टिक तथा धातु से बननेवाले उत्पादों के डिजाइन में विशेष पाठ्यक्रम चलाता है।
3. नेशनल प्रोडक्टिविटी काउंसिल (एन.पी.सी) तथा उसकी शाखाएँ उत्पादकता बढ़ाने में लघु उद्योगों की सहायता करती हैं।
4. सेरामिक्स, फाउंडरी, खेल सामान, बिजली उपकरण, इलेक्ट्रॉनिक्स, ग्लास तथा आवश्यक तेलों से संबंधित सात प्रोडक्ट-कम-प्रोसेस डेवेलपमेंट सेंटर काम कर रहे हैं।
5. देश के विभिन्न हिस्सों में दस टूलरूम सेंटर कार्य कर रहे हैं।
6. चमड़ा तथा उससे बने फ़ुटवीयर के लिए कामगारों को प्रशिक्षण देने के लिए चार सेंट्रल फुटवीयर ट्रेनिंग सेंटर कार्यरत हैं।

2.3.7 इंडस्ट्री एसोसिएशन

इंडस्ट्री एसोसिएशन लघु उद्योगों को अपनी जरूरतों के लिए आवाज उठाने तथा लघु उद्योगों को बढ़ावा देने के लिए सामूहिक प्रयास शुरू करने के लिए मंच प्रदान करते हैं। हाल के वर्षों में सरकारी नीतियों में, इंडस्ट्री एसोसिएशनों की बढ़ती भूमिका को महत्त्व दिया जाने लगा है क्योंकि ये संस्थाएँ तथा स्वयंसेवी संस्थाएँ अपनी जरूरतों के लिए सामूहिक सुविधाएँ जुटा सकती हैं। वे टैक्नोलॉजी, विपणन तथा अन्य सहायक सेवाओं को जुटाने के लिए सहयोग समिति जैसा उपक्रम शुरू कर सकती हैं।

राष्ट्रीय स्तर के मुख्य एसोसिएसन :

- फेडरेशन ऑफ एसोसिएशन्स ऑफ स्माल इंडस्ट्रीज़ ऑफ इंडिया
- इंडियन काउंसिल ऑफ स्माल इंडस्ट्रीज़

- इंडियन फेडरेशन ऑफ टाइनी इंटरप्राइज़ेज़
- वर्ल्ड एसोसिएशन ऑफ स्माल एंड मीडियम इंटरप्राइज़ेज़
- ऑल इंडिया मैन्युफैक्चरर्स एसोसिएशन
- फेडरेशन ऑफ इंडियन चैम्बर्स ऑफ कॉमर्स एंड इंडस्ट्री
- पी.एच.डी. चैम्बर ऑफ कॉमर्स एंड इंडस्ट्री
- कन्फैडरेशन ऑफ इंडियन इंडस्ट्री

2.3.8 लघु उद्योग बोर्ड (स्माल स्केल इंडस्ट्रीज़ बोर्ड)

लघु उद्योगों के विकास के कार्य से केन्द्र तथा राज्य सरकारों के कई विभाग/मंत्रालय जुड़े हुए हैं। इसलिए उनके बीच समन्वय तथा संस्थागत सम्पर्कों को सुगम बनाने के लिए लघु उद्योग बोर्ड का गठन किया गया है।

यह लघु उद्योगों से संबंधित मुद्दों पर सलाह देनेवाला एक शीर्ष निकाय है। भारत सरकार के उद्योग मंत्री इसके अध्यक्ष होते हैं तथा बोर्ड के अन्य सदस्यों में राज्यों के उद्योग मंत्री, कुछ सांसद, भारत सरकार के विभिन्न विभागों के सचिव, वित्तीय संस्थानों, सार्वजनिक क्षेत्र उपक्रमों, इंडस्ट्री एसोसिएशनों तथा इस क्षेत्र के विशेषज्ञ होते हैं।

स्थायी समितियाँ :

लघु उद्योग क्षेत्र से संबंधित विभिन्न मुद्दों पर विचार करने के लिए बोर्ड ने कई स्थायी समितियों का गठन कर रखा है। स्थायी समितियों में भी केन्द्र/राज्य सरकारों, वित्तीय संस्थानों, प्रोत्साहन देनेवाली एजेंसियों और इंडस्ट्री एसोसिएशनों का प्रतिनिधित्व रहता है।

अगस्त 1992 में सम्पन्न लघु उद्योग बोर्ड की पिछली बैठक में लिए गए निर्णय के अनुसार नौ स्थायी समितियों का गठन किया गया है जिन्हें बॉक्स 2-झ में दर्शाया गया है।

बॉक्स 2-झ लघु उद्योग बोर्ड की वर्तमान स्थायी समितियाँ
1. नीतियाँ एवं कार्यक्रम
2. ऋण एवं कराधान
3. बीमार उद्योग

4.	अन्तर्राष्ट्रीय सहयोग
5.	पूर्वोत्तर राज्यों तथा पहाड़ी क्षेत्रों में उद्योगों का विकास
6.	आनुषंगिक उद्योग विकास एवं विपणन (निर्यात समेत)
7.	टैक्नोलॉजी में बेहतरी, आधुनिकीकरण, गुणवत्ता सुधार एवं पर्यावरण
8.	लघुतम उद्योग
9.	महिला उद्यमियों का विकास

3 लघु उद्योगों के लिए प्रोत्साहन स्कीम तथा समर्थन सेवाएँ

एकक-1

प्रोत्साहन तथा सुविधाएँ

केन्द्र और राज्य सरकारों ने लघु उद्यमों को प्रोत्साहन तथा सुविधाएँ प्रदान करने के लिए कई योजनाएँ विकसित की हैं। ये वित्तीय रियायतों, ऋण आबंटन, प्राथमिकता एवं संरक्षण के तरीकों से संबंधित हैं।

इस एकक में हम केन्द्र सरकार द्वारा दिए जानेवाले प्रोत्साहनों तथा सुविधाओं के बारे में जानकारी देंगे।

3.1.1 उत्पाद शुल्क में छूट

लघु उद्योग क्षेत्र को दी जा रही उत्पाद शुल्क छूट को लघु उद्योग उत्पाद शुल्क छूट योजना के नाम से जाना जाता है। यह योजना लघु उद्योगों को बड़े और मँझोले उद्योगों से प्रतियोगिता करने में समर्थ बनाती है।

बॉक्स 3-क
उत्पाद शुल्क छूट योजना

अब उत्पाद शुल्क छूट योजना सभी तरह के लघु उद्योगों पर लागू है। इससे निम्नलिखित राहत मिलती है :

समाशोधन सीमा (क्लीयरेंस स्लैब) (लाख रुपए में)	शुल्क की दर
0-30	शून्य
30-50	सामान्य शुल्क से 10% बिन्दु कम (न्यूनतम 5%)

50-75	सामान्य शुल्क से 5% बिन्दु कम (न्यूनतम 5%)

- यह योजना पंजीकृत और अपंजीकृत 300 लाख रुपए बिक्री की सीमा वाले सभी लघु उद्योगों पर लागू है।

3.1.2 प्रत्यक्ष कर

- फिलहाल लघु उद्योगों के लिए प्रत्यक्ष कर में रियायत की कोई विशेष योजना नहीं है।
- अगर लघु उद्योग में 10 से अधिक लोग काम कर रहे हों तो आयकर अधिनियम धारा 80-1क के अधीन नया लघु उद्योग, दूसरे अन्य औद्योगिक इकाइयों की तरह, दस वर्षों तक अपने मुनाफे के 25 प्रतिशत तक पर आयकर कटौती का लाभ उठा सकता है।

बॉक्स 3-ख

कर अवकाश योजना

1993-94 के केन्द्रीय बजट द्वारा सभी पूर्वोत्तर राज्यों, जम्मू-कश्मीर, हिमाचलप्रदेश, सिक्किम, गोवा और केन्द्र-शासित क्षेत्रों—अंडमान एवं निकोबार, दादर एवं नागर हवेली, दमन एवं दीव, लक्षद्वीप तथा पांडिचेरी में स्थित नये उद्योग उपक्रमों को पहले पाँच साल का कर अवकाश प्रदान किया गया है। 1994-95 से इस प्रावधान का विस्तार सभी पिछड़े जिलों तक कर दिया गया है।

3.1.3 लघु उद्योग क्षेत्रों में उत्पादों के निर्माण हेतु आरक्षण

उद्योग (विकास और विनियमन) अधिनियम के अधीन यह एक सांविधिक प्रावधान है। फिलहाल लघु उद्योग क्षेत्र में निर्माण के लिए 836 उत्पादों को आरक्षित कर दिया गया है। कोई गैर-लघु उद्योग आरक्षित उत्पाद का निर्माण तभी कर सकता है यदि वह अपने उत्पादन का 75% (सिले-सिलाये वस्त्र के मामले में 50%) का निर्यात करे।

बॉक्स 3-ग
आरक्षण नीति के प्रमुख प्रावधान

आरक्षण नीति की समीक्षा निरंतर की जाती है। भारत सरकार ने उद्योग सचिव की अध्यक्षता में आरक्षण पर एक सांविधिक सलाहकार समिति का गठन किया है। यह समिति लघु उद्योग क्षेत्र में निर्माण के लिए आरक्षित उत्पादों के आधार की समीक्षा करती है। उद्योग (विकास और विनियमन) अधिनियम के अधीन गठित सलाहकार समिति निम्नलिखित मानदंडों के अनुसार विचार कर अनुशंसा करती है :

(क) कौन-सा उत्पाद या उत्पाद का कौन-सा वर्ग अनुषंगी अथवा लघु उद्योग में उपयुक्त रूप से उत्पादित किया जा सकता है

(ख) अनुषंगी अथवा लघु उद्योग में ऐसा उत्पाद बनाने पर रोजगार सृजन का स्तर

(ग) उद्योग में उद्यमिता को प्रोत्साहन तथा विस्तार की संभावना

(घ) आम हित को देखते हुए आर्थिक संकेंद्रण को रोकना

(च) ऐसे और अन्य मामले जिन्हें सलाहकार समिति विचार के लिए उपयुक्त समझती है।

वे स्थितियाँ जिनमें बड़े और मँझोले उद्योग आरक्षित मदों का निर्माण कर सकते हैं :

(1) यदि कोई मौजूदा मँझोली या बड़ी इकाई आरक्षित सूची में शामिल किये जाने से पहले किसी उत्पाद का निर्माण कर रही हो तो उसे उद्योग मंत्रालय से इसका निर्माण जारी रखने के लिए लाइसेंस प्राप्त करना होता है। उत्पाद के आरक्षण सूची में रखे जाने की तिथि से पूर्ववर्ती तीन वर्षों में प्राप्त उत्पादन के उच्च स्तर के आधार पर इकाई की क्षमता स्थिर की जाती है।

(2) आरक्षित उत्पादों का निर्माण करनेवाली लघु इकाई विकास करते-करते बड़ी मँझोली इकाई बन जाए तो ऐसी इकाई को अपना निर्माण जारी रखने के लिए लाइसेंस प्राप्त करना होता है। इसमें इकाई की क्षमता उस तिथि से स्थिर की जाती है जिस तिथि से इकाई निर्माण जारी रखने के लाइसेंस के लिए आवेदन करती है।

(3) बड़ी और मँझोली इकाइयों को अपने उत्पादन के कम से कम 75 प्रतिशत का निर्यात करना होता है। सिले-सिलाये वस्त्रों के उद्योग को प्लांट एवं मशीनरी में 3 करोड़ रुपए तक के निवेश की अनुमति है बशर्ते कि वे अपने उत्पादन की तिथि से तीसरे वर्ष में कम से कम 50 प्रतिशत उत्पादन का निर्यात करें, साथ ही निर्यात का 50 प्रतिशत गैर-कोटा क्षेत्र का हो।

बड़ी/मँझोली कंपनियों द्वारा लघु उद्योगों में निर्मित आरक्षित उत्पादों के विपणन पर कोई प्रतिबंध नहीं है।

3.1.4 खरीद और मूल्य में प्राथमिकता

फिलहाल सरकारी खरीद कार्यक्रम में लघु इकाइयों से खरीद के लिए 409 उत्पाद आरक्षित हैं।

सरकारी खरीद में लघु एवं लघुतम इकाइयों के उत्पादों पर मूल्य के मामले में 15 प्रतिशत तक की मूल्य प्राथमिकता दी जाती है। यदि भावी उत्पाद का मूल्य 15 प्रतिशत तक, दूसरे क्षेत्र के उत्पाद-मूल्य से, अधिक हो तब भी लघु एवं लघुतम क्षेत्र से ही खरीद की जाएगी।

3.1.5 ऋण नीतियाँ

सरकार की ऋण नीति लघु उद्योग क्षेत्र को विशेष स्थान देती है। इस ऋण नीति के विभिन्न आयाम नीचे दिये जा रहे हैं :

प्राथमिक क्षेत्र ऋण : बैंक यह सुनिश्चित करते हैं कि प्राथमिकता के आधार पर लघु उद्योग को दिया जानेवाला ऋण-प्रवाह (क्रेडिट फ्लो) बना रहे।

संस्थागत प्रबंध : स्माल इंडस्ट्रीज़ डेवेलपमेंट बैंक ऑफ इंडिया शीर्षस्थ पुनर्वित्त पोषण (रिफाइनेंस) बैंक है। राज्य वित्त निगम, अनुसूचित बैंक, लघु उद्योग विकास

निगम आवधिक ऋण प्रदान करते हैं। राष्ट्रीय कृषि एवं ग्रामीण विकास बैंक (नाबार्ड), लघु उद्योग निगम इत्यादि भी प्रत्यक्ष तथा अप्रत्यक्ष ऋण देते हैं।

ऋण-प्रवाह : विगत दो दशकों के दौरान लघु उद्योग को दिए जानेवाले संस्थागत वित्त के प्रवाह में लगातार वृद्धि हुई है। तालिका 3-क ग्रामीण एवं लघु उद्योग क्षेत्र पर अनुसूचित कॉमर्शियल बैंकों की बकाया राशि दर्शाती है।

तालिका 3-क (करोड़ रुपये में)

अंतिम तिथि तक	खातों की संख्या	बकाया राशि	कुल बैंक ऋण	लघु व ग्रामीण उद्योगों को बैंक ऋण (प्रतिशत में)
दिसम्बर, 1987	2179	10785.24	67855.53	15.9
दिसम्बर, 1988	2593	12967.99	79598.12	16.3
सितम्बर, 1989	2718	14535.19	91271.67	16.0
मार्च, 1990	2719	15969.36	101178.11	15.8
मार्च, 1991	3172	17513.24	120374.07	14.5
मार्च, 1992	2923	17398.42	112160.42	15.5
मार्च, 1993	3040	19388.09	132781.63	14.6
मार्च, 1994	3019	21561	140914	15.3
मार्च, 1995	3225	25843	169038	15.3
मार्च, 1996	3317	29485	184381	16.0

तालिका 3-ख में राज्य वित्त निगमों द्वारा लघु उद्योग क्षेत्र को वितरित ऋणों को दर्शाया गया है।

इससे यह स्पष्ट है कि राज्य वित्त निगमों द्वारा 70 प्रतिशत ऋण-वितरण लघु उद्योगों को होता है।

तालिका 3-ख
राशि-वितरण

(करोड़ रुपए में)

वर्ष	कुल	लघु उद्योग	राशि कुल के अनुपात में लघु उद्योग का प्रतिशत
1987-88	942.5	697.6	74.4
1988-89	1055.2	774.8	73.4
1989-90	1156.5	833.4	72.06
1990-91	1270.8	924.3	72.73
1991-92	1540.1	1090.5	70.81
1992-93	1569.7	1166.9	74.3
1993-94	1563	1175	83.4
1994-95	2005	1445	78.3
मार्च 1995 तक का मोड	15477.6	10848.8	70.1

3.1.6 ब्याज की दर

वर्तमान ब्याज-दर संरचना न्यूनतम दरों पर तय की जाती है। कार्यशील पूँजी ऋणों के मामले में मौजूदा ब्याज संरचना इस प्रकार है :

सीमा	ब्याज की दर
1. 25000 रुपए तक	12% (नियत)
2. 25000 से 2 लाख रुपए तक	13.5% (नियत)
3. 2 लाख से अधिक	निर्धारित नहीं

आवधिक ऋणों (टर्म लोन) के लिए भारतीय लघु उद्योग विकास बैंक की, पुनर्वित्तपोषण (रिफाइनेंस) के लिए, ब्याज-दर संरचना इस प्रकार है :

ऋण की मात्रा	ब्याज-दर
1. 25000 रुपए तक	12.7% (नियत)

2. 25000 से 2 लाख रुपए तक 13.5% (नियत)

3. 2 लाख रुपए से अधिक 16% (न्यूनतम)

प्राथमिक ऋण पुनर्वित्तपोषण दर (रिफाइनेंस रेट) से 3% अधिक दर पर दिया जाता है।

3.1.7 राष्ट्रीय भागीदारी कोष स्कीम (नेशनल इक्विटी फंड स्कीम)

इस स्कीम के अन्तर्गत लघु उद्योगों को उपांत राशि (मार्जिन मनी) की जरूरत पूरी करने के लिए भागीदारी शैली (इक्विटी टाइप) की शुरुआती पूँजी सहायता दी जाती है। इस पर मामूली सेवा शुल्क यानी 1 प्रतिशत लिया जाता है। इस स्कीम की स्थापना 10 करोड़ की राशि से की गई थी और लघु उद्योग विकास बैंक इसका संचालन करता है। इस स्कीम में 20 लाख रु. तक की परियोजना ही आती है और इसके लिए 2.5 लाख रु. तक की सहायता मिल सकती है।

बॉक्स 3-घ
सिडबी की नेशनल इक्विटी फंड स्कीम की विशेषताएँ

- अगस्त 1987 में भारत सरकार ने नेशनल इक्विटी फंड स्कीम की शुरुआत की थी। तब इसे इंडस्ट्रियल डेवेलपमेंट बैंक ऑफ इंडिया संचालित करता था। बाद में, अप्रैल, 1990 में इस नवसृजित संस्थान को स्माल इंडस्ट्रीज डेवेलपमेंट बैंक ऑफ इंडिया के हवाले कर दिया गया ताकि लघु उद्यमियों को नई इकाइयों की स्थापना और बीमार इकाइयों को स्वस्थ बनाने में सहायता दी जा सके।
- इस स्कीम में लघु उद्योग को दीर्घ अवधि की भागीदारी शैली की शुरुआती पूँजी दी जाती है बशर्ते कि परियोजना की लागत 20 लाख रु. की सीमा में रहे। यह वित्तीय सहायता मात्र 1 प्रतिशत के सेवा शुल्क (सर्विस चार्ज) पर दी जाती है।
- 1994-95 में इस स्कीम के तहत 536 इकाइयों को 3.1 करोड़ रुपए की सहायता दी गई। 1995-96 में 685 इकाइयों को 6.6 करोड़ रुपए की सहायता मिली। इन अवधियों में राशि-वितरण क्रमशः 2.2 करोड़ तथा 3.8 करोड़ रुपए रहा।

- इस स्कीम के अन्तर्गत 31 मार्च, 1996 तक 4385 इकाइयों को सहायता दी जा चुकी है।
  इस स्कीम के तहत 25.12 करोड़ रुपए की स्वीकृति तथा 17.96 करोड़ रुपए की राशि का वितरण किया जा चुका है।

3.1.8 एकल खिड़की योजना

इस स्कीम में कार्यशील पूँजी तथा आवधिक ऋण की स्वीकृति तथा राशि-वितरण एक ही एजेंसी के द्वारा किया जाता है। यह स्कीम 50 लाख रुपए लागत तक की परियोजना पर लागू होती है। इसे बैंक तथा वित्तीय संस्थान दोनों चलाते हैं। वर्ष 1996 से यह योजना 1 करोड़ रुपए तक की लागत वाली परियोजनाओं पर लागू कर दी गयी है।

एकक-2

बुनियादी संरचना विकास योजना तथा विशेष कार्यक्रम

केन्द्र और राज्य दोनों सरकारों ने लघु उद्योगों की वृद्धि में सहायक बुनियादी संरचनाओं के विकास के लिए कई योजनाओं को तैयार तथा क्रियान्वित किया है। समानता तथा आय-वितरण के लक्ष्य को प्राप्त करने के लिए सीडो तथा सहयोगी संस्थाएँ रोजगार सृजन के विशेष कार्यक्रमों को चलाने में सहायता देती हैं। इस तरह की विकास योजनाओं तथा विशेष कार्यक्रमों के बारे में जानकारी नीचे दी जा रही है।

3.2.1 विकास केन्द्र योजना (ग्रोथ सेंटर स्कीम)

पिछड़े इलाकों में औद्योगीकरण को बढ़ावा देने के लिए केन्द्र सरकार ने 1988 में देश भर में 70 विकास केन्द्रों की स्थापना की घोषणा की। पर विकास केन्द्र में सर्वोत्तम बुनियादी संरचना शामिल की गई है ताकि औद्योगिक वृद्धि को प्रोत्साहन मिल सके।

बॉक्स-3-च

विकास केन्द्रों में मौजूद सुविधाएँ तथा वित्तीय ढाँचा

1. रेल, नेशनल अथवा स्टेट हाइवे या बंदरगाह तक पहुँच
2. पानी, बिजली, दूरसंचार, शिक्षा तथा स्वास्थ्य सुविधाएँ एवं पर्याप्त भूमि

3. प्रत्येक केन्द्र का वित्तीय ढाँचा निम्नलिखित है :

1.	केन्द्र सरकार	=	10 करोड़ रुपए
2.	राज्य सरकार	=	5 करोड़ रुपए
3.	वित्तीय संस्थान/बैंक	=	5 करोड़ रुपए
4.	बाजार से प्राप्त ऋण	=	10 करोड़ रुपए
	कुल	=	30 करोड़ रुपए

लगभग 65 विकास केन्द्रों की पहचान कर ली गई है। विकास केन्द्रों की पहचान के लिए एक महत्त्वपूर्ण मानदंड यह है कि इसके प्रभाव क्षेत्र में 400 से 800 हेक्टेयर का क्षेत्र होना चाहिए।

लगभग 28 विकास केन्द्र निर्माण की विभिन्न अवस्थाओं में हैं। 1993-94 तक इसके लिए 68.25 करोड़ रुपए की केन्द्रीय सहायता जारी की गई।

3.2.2 औद्योगिक परिसर कार्यक्रम (इंडस्ट्रियल इस्टेट प्रोग्राम)

भारत का औद्योगिक परिसर कार्यक्रम शायद किसी भी विकासशील देश में सबसे बड़ा कार्यक्रम है। 1952 में पहली बार महाराष्ट्र के हडाप्सर में परिसर स्थापना का कार्यक्रम शुरू हुआ। कार्यक्रम का मुख्य उद्देश्य लघु उद्योग को प्रोत्साहन देना तथा उसके सृजन, विस्तार और आधुनिकीकरण को प्रोत्साहित करना है। इसके लिए फैक्टरी शेड बनाए जाते तथा आधुनिक सेवा सुविधाएँ स्थापित की जाती हैं। फैक्टरी की स्थापना तथा संचालन के सभी चरणों में सहायता तथा सेवा प्रदान की जाती है। निर्माण के विशेष क्षेत्रों में लघु तथा बड़े उद्योगों के बीच उपसंविदा (सब-कंट्रैक्ट) संबंधों को विकसित किया जाता है। इस कार्यक्रम में बने-बनाए फैक्टरी शेड तथा सुविधाएँ-सेवाएँ प्रदान करने का कार्यक्रम अर्द्ध-शहरी, ग्रामीण तथा पिछड़े इलाकों में चलाया जाता है।

3.2.3 एकीकृत बुनियादी संरचना विकास योजना (आई.आई.डी.स्कीम)

यह योजना ग्रामीण तथा पिछड़े इलाकों में बुनियादी सुविधाओं को बढ़ाने के लिए है तथा विशेष जोर इस पर है कि कृषि तथा उद्योग के बीच संबंध विकसित हों। जिन क्षेत्रों में विकास केन्द्र स्कीम लागू नहीं है और जिन्हें केन्द्र सरकार ने पिछड़ा जिला घोषित किया हुआ है, उन जिलों में ही यह स्कीम लागू होगी।

उद्देश्य

- ग्रामीण इलाकों तथा पिछड़े जिलों में लगभग 50 आई.आई.डी. सेंटरों की स्थापना
- लघु उद्योग समूहों की स्थापना को प्रोत्साहन देना ताकि रोजगार के अवसर तथा निर्यात बढ़ें
- लघु उद्योगों को सामूहिक सुविधाएँ तथा टैक्नोलॉजी सहायता सेवाएँ प्रदान करना
- नए और मौजूदा केन्द्रों में बिजली, पानी, दूरसंचार आदि बुनियादी सुविधाओं का सृजन और उन्नयन

बॉक्स 3-छ

आई.आई.डी. स्कीम की विशेषताएँ तथा वित्तीय ढाँचा

1. प्रत्येक केन्द्र का क्षेत्रफल 15-20 हेक्टेयर का होगा।
2. प्रत्येक केन्द्र की परियोजना लागत 5 करोड़ रु. की होगी जिसके लिए राशि यहाँ से जुटायी जाएगी :
   केन्द्र सरकार : 2 करोड़ रु. (भागीदारी)
   एस.आई.डी.बी.आई : 3 करोड़ रु. (ऋण)
3. प्रत्येक केन्द्र करीब 450 इकाइयों को प्रोत्साहित करेगा।
4. भूमि विकास, सड़क, जलापूर्ति, जल-निकासी, सेवा-केन्द्र, दूषित सामग्री उपचार सुविधा, सामूहिक सेवा सुविधाएँ आदि की परियोजनाओं में निवेश करेगा।
5. राज्य की एजेंसियाँ, सार्वजनिक उपक्रम या स्वयंसेवी संस्थाएँ इस स्कीम को लागू करेंगी।

यह योजना 1994 से लागू है तथा वर्ष 1996 तक 13 परियोजनाओं को स्वीकृति दी जा चुकी है।

3.2.4 परिवहन सहायता (ट्रांसपोर्ट सब्सिडी)

इस स्कीम में पहाड़ी, सुदूर और दुर्गम क्षेत्रों में स्थित उद्योगों को प्रोत्साहन सहायता दी जाती है। निकटस्थ निर्धारित रेलवे स्टेशन या बंदरगाह तक उत्पाद भेजने और वहाँ से कच्चा माल मँगवाने में भाड़े पर 50 से 90 प्रतिशत तक की सब्सिडी दी जाती है।

इस योजना के अधीन 100 करोड़ रुपए से अधिक की धनराशि वितरित की जा चुकी है।

बॉक्स 3-ज

परिवहन सब्सिडी के अधिकारी क्षेत्रों का ब्यौरा

राज्य/केन्द्र-शासित क्षेत्र	अधिकारी क्षेत्र	निर्धारित रेलवे स्टेशन/बंदरगाह
1. जम्मू-कश्मीर	पूरा राज्य	पठानकोट/जम्मू जो भी नजदीक हो
2. पूर्वोत्तर राज्य : असम, मेघालय, मणिपुर नगालैंड, त्रिपुरा, अरुणाचलप्रदेश, मिजोरम तथा सिक्किम	पूरा राज्य	सिलिगुड़ी
3. उत्तरप्रदेश के पहाड़ी क्षेत्र	देहरादून, चमोली, नैनीताल गढ़वाल उत्तरकाशी, पिथौरागढ़	देहरादून, ऋषिकेश, मुरादाबाद, बरेली, कोटद्वार, शाहजहाँपुर, रामपुर
4. अंडमान व निकोबार	पूरा केन्द्रशासित क्षेत्र	मद्रास
5. लक्षद्वीप	पूरा केन्द्रशासित क्षेत्र	कोचिन
6. पश्चिम बंगाल का दार्जिलिंग जिला	पूरा जिला	सिलिगुड़ी

3.2.5 अनुषंगी उद्योग विकास कार्यक्रम (एनसिलरी इंडस्ट्री डेवेलपमेंट प्रोग्राम)

1970 तक देश में अनुषंगी उद्योगों का व्यवस्थित विकास हो नहीं पा रहा था। इसीलिए विकास आयुक्त (लघु उद्योग) के कार्यालय में अनुषंगी लघु इकाइयों के नियोजन और विकास के लिए एक सेल की स्थापना की गई। 1980 तक विभिन्न सार्वजनिक क्षेत्र उपक्रमों के लिए 2000 से भी अधिक सक्षम अनुषंगी इकाइयाँ स्थापित की गई थीं। अनुषंगी इकाइयों के विकास और मूल इकाइयों की आवश्यकता के अनुरूप टैक्नोलॉजी को बेहतर करने के लिए, अनुषंगी इकाई

की परिभाषा के अनुसार, अब लघु उद्योग के लिए प्लांट एवं मशीनरी में निवेश की सीमा 60 लाख से बढ़ाकर 75 लाख रुपए कर दी गई है।

3.2.6 उद्यमिता विकास कार्यक्रम

भारत सरकार ने तकनीकी शिक्षा प्राप्त नौजवानों में उद्यमिता के विकास के महत्त्व को बहुत पहले ही पहचान लिया था इसलिए उद्यमिता विकास कार्यक्रम को व्यवस्थित रूप से चलाया गया। सीडो ने देश में इन कार्यक्रमों को चलाने में अग्रणी भूमिका अदा की और इसमें तकनीकी परामर्श संगठनों को भी शामिल कर लिया गया।

आठवें दशक में इस क्षेत्र में एन.आई.ई.एस.बी.यू.डी (दिल्ली) तथा ई.डी.आई. (अहमदाबाद) जैसे संसाधन संस्थानों की भी स्थापना हुई। हाल में सीडो ने लघु उद्योग में जिम्मेदार पदों पर योगदान देने के लिए 'बेयर फुट' प्रबंधक योज़ना लागू की है।

3.2.7 गुणवत्ता प्रमाणन योजना

लघु उद्योगों में आधुनिकीकरण तथा बेहतर टैक्नोलॉजी को बढ़ावा देने के लिए इकाइयों को उनके उत्पादों की गुणवत्ता में सुधार के लिए सहायता प्रदान की जाती है।

आई.एस.ओ.-9000 अथवा समतुल्य अन्तर्राष्ट्रीय गुणवत्ता मानक प्राप्त करने के उद्देश्य से लगभग 100 इकाइयों की सहायता के लिए एक नई योजना लागू की गई है। 0.75 लाख रुपए तक की सीमा वाली प्रत्येक इकाई को गुणवत्ता मानक प्राप्त करने में खर्च के 50 प्रतिशत तक की वित्तीय सहायता दी जाती है।

लघु उद्योग इकाइयों को उनके लाभ के लिए विशेष रूप से आयोजित गुणवत्ता जागरूकता तथा शिक्षण कार्यक्रमों में भाग लेने के लिए प्रोत्साहित किया जाता है।

3.2.8 शिक्षित बेरोजगार युवाओं के लिए स्वरोजगार योजना (सीयू स्कीम)

यह स्कीम बेरोजगार, पर शिक्षित युवाओं के लिए रोजगार के अवसर बढ़ाने के लिए तैयार की गई थी। इसे 1983 में शुरू किया गया था। तब से लेकर

1992-93 के अंत तक इस स्कीम के अधीन लगभग 16 लाख व्यक्तियों को कुल 3190 करोड़ रुपए का ऋण और 600 करोड़ रुपए की सब्सिडी वितरित की गई। स्कीम की सफलता की दर 65% रही। तालिका 3-ग स्कीम की विशेषताओं को दर्शाती है।

तालिका 3-ग
सीयू स्कीम की मुख्य विशेषताएँ

वर्ष	इकाइयों की संख्या–स्वीकृत ऋण (लाख में)	ऋण (करोड़ रु. में)	सब्सिडी (करोड़ रु. में)
1990-91	1.01	222.69	44.50
1991-92	0.94	206.11	39.25
1992-93	0.73	164.50	39.55

वर्ष 1994-95 तक यह योजना जारी रही। रोजगार सृजन की एक नई योजना ने इस स्कीम का स्थान ले लिया है जिसका विवरण आगे देखें।

3.2.9 प्रधानमंत्री रोजगार योजना

आठवीं पंचवर्षीय योजना की शेष अवधि के दौरान 10 लाख शिक्षित बेरोजगारों को स्वरोजगार का अवसर देने के लिए यह योजना बनाई गई है। तत्कालीन प्रधानमंत्री ने 15 अगस्त 1993 को इस योजना की घोषणा की थी। और यह योजना 2 अक्टूबर 1993 से सभी राज्यों तथा केन्द्र-शासित क्षेत्रों में लागू की जा रही है।

यह योजना शिक्षित बेरोजगारों के द्वारा उद्योग, सेवा तथा व्यापार के लिए लगभग 7 लाख अति लघु उद्यमों की स्थापना को प्रोत्साहित करेगी। यह योजना ग्रामीण तथा शहरी दोनों क्षेत्रों में लागू है।

बॉक्स 3-झ
प्रधानमंत्री रोजगार योजना की मुख्य विशेषताएँ

- यह योजना उद्योग, सेवा और व्यापार से जुड़े उद्यमों की स्थापना की परिकल्पना करती है। फिर भी व्यापार क्षेत्र में इनकी संख्या कुल ऐसे उद्यमों के 30% से अधिक नहीं होगी।

- 18-35 वर्ष के आयु वर्ग तथा 24 हजार या उससे कम वार्षिक आय वाले परिवार से आनेवाले शिक्षित बेरोजगार ही इस योजना के पात्र होंगे।

- इसके लिए न्यूनतम योग्यता मैट्रिक (पास या फेल) या आई.टी.आई. पास या सरकारी प्रायोजन वाली छमाही तकनीकी पाठ्यक्रम उपाधि होगी।

- महिला समेत समाज के सभी कमजोर वर्गों को इसमें प्राथमिकता दी जाएगी। इसमें अनुसूचित जातियों-जनजातियों को 22.5% तथा अन्य पिछड़ी जातियों को 27% का आरक्षण दिया जाता है।

- आवेदक को उस क्षेत्र विशेष का 3 वर्षों से निवासी होना चाहिए तथा किसी बैंक अथवा वित्तीय संस्थान का पैसा उन पर बकाया नहीं होना चाहिए।

- आवेदक को एक लाख रुपए तक का ऋण दिया जा सकता है। इसमें संयुक्त उपक्रम भी स्थापित किये जा सकते हैं बशर्ते कि एक से अधिक व्यक्ति इसमें शामिल हों।

- उद्यमी को परियोजना लागत का 5% उपांत राशि (मार्जिन मनी) के रूप में देना होगा।

- कर्ज के लिए किसी कोलैटरेल गारंटी की आवश्यकता नहीं है। हाँ, इस परियोजना के अन्तर्गत खड़ी की गई परिसम्पत्ति को बैंक के पास गिरवी रखना होता है।

● ब्याज सामान्य दरों पर लिया जाता है।
● प्रत्येक उद्यमी को केन्द्र सरकार परियोजना लागत के 15% तक (अधिकतम सीमा 7500 रुपए) की सब्सिडी देती है।
● इस योजना के लिए चुने गए उद्यमी को ऋण की स्वीकृति मिलने के बाद उद्यमिता विकास कार्यक्रम के अन्तर्गत प्रशिक्षित किया जाता है।
● पहले 6 से 8 महीने तक ऋण की अदायगी नहीं करनी पड़ती पर बाद में उसे 7 वर्षों के दौरान ऋण की अदायगी करनी होती है। उद्यम की स्थापना के लिए राज्य सरकार आवश्यक सहयोग, जैसे साइट (स्थल), शेड, दुकान, बिजली, पानी आदि देती है। आठवीं योजना के दौरान पूँजी सब्सिडी लगभग 525 करोड़ रुपए तथा ऋण वितरण की आवश्यकता 5000 करोड़ रुपए तक की होगी।

तालिका 3 घ
प्रधानमंत्री रोजगार योजना की उपलब्धियाँ

वर्ष	स्वीकृत इकाइयों की संख्या
1993-94	32068 (केवल शहरी क्षेत्र में)
1994-95	198238
1995-96	296819

इस स्कीम के अन्तर्गत 1993-94 के दौरान 30,000 से अधिक युवाओं को 200 करोड़ रु. से ऊपर के ऋण दिए गए।

एकक-3

सहायक सेवाएँ

◆◆◆◆◆◆◆

3.3.1 तकनीकी सहायता देनेवाली सेवाएँ

सरकार की पुनर्निर्धारित नीति का उद्देश्य लघु उद्योग क्षेत्र के आधुनिकीकरण में समेकित दृष्टि अपनाना है। इसी के मद्देनजर लघु उद्योग विकास संगठन (सीडो) लघु उद्योग इकाइयों को उन्नत टैक्नोलॉजी देने के वास्ते कई तकनीकी सहायता सेवा संगठनों को भी चलाता है।

क. परीक्षण केन्द्र

लघु उद्योग को अपने उत्पादों, कच्चे माल का परीक्षण करने की आवश्यकता होती है। इसमें उनकी जरूरतों को चार क्षेत्रीय परीक्षण केन्द्र, 19 फील्ड टेस्टिंग स्टेशन तथा लघु उद्योग सेवा संस्थानों और उनकी शाखाओं से जुड़े वर्कशॉप पूरा करते हैं। इनसे धातु परीक्षण, ताप शोधन, वेल्डिंग परीक्षण, इलेक्ट्रोप्लेटिंग, फाउंड्री तथा रेत परीक्षण व अन्य परीक्षणों में भी सहायता प्राप्त की जा सकती है।

इन संस्थानों के कार्य निम्नलिखित हैं :

- परीक्षण सुविधाएँ प्रदान करना
- परीक्षण से संबंधित प्रशिक्षण कार्यक्रम चलाना
- परामर्श सेवा प्रदान करना

ख. टूलरूम/टूल डिजाइन इंस्टिट्यूट

किसी भी इंजीनियरिंग उद्योग का दिल टूलरूम होता है। इसकी स्थापना में काफी लागत आती है इसलिए हर लघु उद्योग इकाई अपना टूलरूम नहीं लगा सकती। इसलिए भारत सरकार ने इन केन्द्रों की स्थापना की ताकि लघु उद्योगों को

अच्छे औजार प्राप्त हो सकें।

इन केन्द्रों के कार्य हैं :

- औजार को डिजाइन करने में सहायता देना
- औजार, जिग्स, फिक्सचर तथा साँचे बनाना
- औजार बनानेवालों को प्रशिक्षण देना
- सामान्य सेवा की सुविधा देना
- परामर्श देना

बॉक्स 3-ट
टूलरूम द्वारा दी जानेवाली सुविधाएँ

क. औजार उत्पादन

- साँचों, औजारों, जिग्स, फिक्सचर, मापकों तथा औजार के पुर्जों का निर्माण
- सभी तरह के इस्पातों का तापशोधन
- गुणवत्ता-नियंत्रण तथा परीक्षण
- साँचों तथा औजारों की मरम्मत तथा रख-रखाव

ख. औजार डिजाइन

- अन्तर्राष्ट्रीय मानक के अनुरूप धातु तथा प्लास्टिक उद्योग के लिए उपयोगी साँचों, औजारों, जिग्स, फिक्सचर तथा मापकों का डिजाइन
- ग्राहक की जरूरत के अनुसार डिजाइन करना
- कम्प्यूटर की सहायता से डिजाइन करना
- आयातित उत्पाद डिजाइन के लिए उपयुक्त नए औजारों का निर्माण

ग. परामर्श

- उत्पादन की आधुनिक टैक्नोलॉजी की शुरुआत करना
- सूक्ष्म औजारों के उपयोग तथा रखरखाव को बढ़ावा देना
- औजारों तथा उत्पादों की गुणवत्ता का नियंत्रण तथा परीक्षण
- सी.एन.सी. मशीनों का चुनाव तथा उपयोग
- उत्पाद तथा औजारों के लिए उपयुक्त सामग्री का चयन

घ. प्रशिक्षण

- औजार तथा साँचे बनानेवालों को उद्योग में ही दीर्घकालीन प्रशिक्षण देना
- प्रबंधकों तथा सुपरवाइजरों को उनके ज्ञान तथा कौशल का स्तर ऊँचा उठाने के लिए अल्पावधि प्रशिक्षण देना
- कुशल मजदूरों/मशीनमैनों/औजार बनानेवालों को उनकी आवश्यकता के अनुरूप प्रशिक्षण देना
- जाँच, गुणवत्ता नियंत्रण, परीक्षण तथा रख-रखाव के लिए प्रशिक्षण देना
- सी.एन.सी. टैक्नोलॉजी का प्रशिक्षण देना
- तापशोधन का प्रशिक्षण देना
- औजार तथा साँचा डिजाइन में स्नातकोत्तर डिप्लोमा व प्रमाणित लंबी अवधि के पाठ्यक्रम चलाना

विभिन्न जगहों पर स्थित टूलरूम :

1. सेंट्रल टूलरूम एंड ट्रेनिंग सेंटर, कलकत्ता
2. सेंट्रल टूलरूम, लुधियाना
3. सेंट्रल इंस्टिटयूट फॉर हैंड टूल, जालंधर
4. सेंट्रल इंस्टिट्यूट फॉर टूल डिजाइन, हैदराबाद
5. हैंड टूल डिजाइन, डेवेलपमेंट एंड ट्रेनिंग सेंटर, नागौर
6. टूलरूम, अहमदाबाद
7. टूलरूम, औरंगाबाद
8. टूलरूम, इंदौर
9. सेंट्रल टूलरूम एंड ट्रेनिंग सेंटर, भुवनेश्वर
10. सेंट्रल टूलरूम सेंटर, जमशेदपुर

आखिरी पाँच टूलरूमों की स्थापना का कार्य हाल ही में पूरा हुआ है। इसके साथ ही अन्य जगहों में टूलरूमों की स्थापना का प्रस्ताव विचाराधीन है।

नए टूलरूमों की स्थापना में जर्मनी तथा डेनमार्क की अन्तर्राष्ट्रीय संस्थाओं से वित्तीय सहयोग मिल रहा है।

ग. प्रोडक्ट-कम-प्रोसेस डेवेलपमेंट सेंटर (पी.पी.डी.सी.)

कुछ उद्योगों में यह प्रवृत्ति होती है कि वे खास केन्द्र में सघनता से विकसित

होते हैं। ऐसे क्षेत्र विशेष उद्योगों के केन्द्र के रूप में उभरे हैं जैसे खेल सामानों के लिए मेरठ, शीशा उत्पाद के लिए फिरोज़ाबाद, फाउंड्री के लिए आगरा आदि। ये इकाइयाँ आम तौर पर पारंपरिक तरीके से उत्पाद बनाती रहती हैं तथा इन्हें नई टैक्नोलॉजी, डिजाइन या निर्माण प्रक्रिया की जानकारी कम होती है। उनकी ऐसी जरूरतों को पूरा करने के लिए, सीडो ने इस प्रकार के विभिन्न केन्द्रों में पी.पी.डी.सी. की स्थापना का निर्णय लिया है।

पी.पी.डी.सी. के कार्य :

- सघन उद्योग क्षेत्रों के अनुसंधान तथा विकास संस्थाओं के रूप में कार्य करना
- उत्पाद के नए डिजाइन तथा नए उत्पाद की खोज करना
- सामूहिक सुविधा केन्द्र के रूप में कार्य करना
- उत्पाद प्रक्रिया में सुधार तथा बेहतर पैकेजिंग तकनीक का विकास करना
- मानव शक्ति विकास तथा प्रशिक्षण में योगदान देना

मौजूदा पी.पी.डी.सी. केन्द्र :

1. पी.पी.डी.सी., रांची — सेरेमिक तथा ग्लास उद्योग के लिए
2. पी.पी.डी.सी., आगरा — फाउंड्री उद्योग के लिए
3. पी.पी.डी.सी., मेरठ — खेल सामानों के लिए
4. पी.पी.डी.सी., मुंबई — बिजली के घरेलू उपकरणों के लिए
5. ई.एस.टी.सी., रामनगर (उ.प्र.) — इलेक्ट्रानिक उद्योग के लिए

नए पी.पी.डी.सी. :

1. सी.आई.जी.आई., फिरोज़ाबाद — ग्लास उद्योग के लिए
2. पी.पी.डी.सी., कन्नौज (उ.प्र.) — आवश्यक तेल तथा इत्र उद्योग के लिए

पी.पी.डी.सी को अनुसंधान तथा विकास संस्थान की तरह उन्नत विकासात्मक कार्य करने के लिए स्थापित किया गया है तथा इन्हें संबंधित क्षेत्रों में मानक केन्द्र के रूप में कार्य करना है। पंप तथा डीजल इंजन, खाद्य तथा बेकरी उत्पाद, पॉलीमर तथा उन पर आधारित उत्पादों के लिए पी.पी.डी.सी. की स्थापना के प्रस्ताव विचाराधीन हैं।

पी.पी.डी.सी. के लिए वित्तीय सहायता अन्तर्राष्ट्रीय एजेंसियों से भी प्राप्त की जाती है।

घ. सेंट्रल फुटवेयर ट्रेनिंग सेंटर (सी.एफ.टी.सी.)

इन केन्द्रों की स्थापना चमड़ा तथा फुटवेयर उद्योग के लघु उद्योगों को सहायता देने के लिए विशेष रूप से की गयी है। इसका उद्देश्य है :

1. फुटवेयर उद्योग के कामगारों को प्रशिक्षण देना
2. निर्यात को बढ़ावा देने के लिए नए डिजाइन तथा नई शैली के फुटवेयर का विकास करना

मौजूदा सेंट्रल फुटवेयर ट्रेनिंग सेंटर :

1. सी.एफ.टी.सी., कलकत्ता
2. सी.एफ.टी.सी., मुम्बई
3. सी.एफ.टी.सी., आगरा
4. सी.एफ.टी.सी., मद्रास

मुम्बई तथा कलकत्ता के सेंटर निर्माणाधीन हैं।

सीडो ने सेंट्रल फुटवेयर ट्रेनिंग सेंटर के जरिये चमड़ा उत्पाद के लिए प्रशिक्षित श्रमशक्ति प्रदान करने का बीड़ा उठाया है। इसके लिए ये कुछ कदम उठाये गए हैं :

1. संयुक्त राष्ट्र विकास कार्यक्रम की सहायता से मद्रास और आगरा स्थित मौजूदा केन्द्रों का आधुनिकीकरण।
2. चार करोड़ रुपए की केन्द्रीय सहायता से राज्य परियोजना के रूप में दो नए सी.एफ.टी.सी. मुम्बई और कलकत्ता में स्थापित किए जा रहे हैं।

3.3.2 परामर्श सेवाएँ

सीडो और उससे संबद्ध एजेंसियाँ लघु उद्योगों के विभिन्न तकनीकी एवं व्यापारिक पहलुओं के बारे में परामर्श सहायता देती हैं। इन पर पहले भी प्रकाश डाला जा चुका है। इन प्रयासों में शासकीय स्वायत्त संस्थानों, गैर-सरकारी संस्थाओं तथा इंडस्ट्री एसोसिएशनों का पूरक सहयोग मिलता रहता है। लघु उद्योग को सेवा देने के लिए अनेक तकनीकी परामर्श संगठनों (टैक्नीकल कंसलटेंसी आर्गनाइजेशन) की स्थापना की गई है। ऐसे संगठनों की सूची परिशिष्ट में दी गई है।

3.3.3 विस्तार एवं उद्यमिता सहायता

लघु उद्योग के विकासात्मक तथा विस्तार कार्य को पूरा करने के लिए विभिन्न क्षेत्रों में विशेष संस्थाएँ मौजूद हैं। उदाहरणार्थ :

- नेशनल इंस्टिट्यूट फॉर स्माल इंडस्ट्री एक्सटेंशन एंड ट्रेनिंग, हैदराबाद तथा गुवाहाटी

- नेशनल इंस्टिट्यूट फॉर आंत्रेप्रेन्यरशिप एंड स्माल बिजनेस डेवेलपमेंट, दिल्ली
- आंत्रेप्रेन्यरशिप डेवेलपमेंट इंस्टिट्यूट ऑफ इंडिया, अहमदाबाद

ये इंस्टिट्यूट उद्यमियों के लिए मानव संसाधन कौशल के विकास का कार्य करते तथा उद्यमिता विकास कार्यक्रम चलाते और उद्योग की प्रशिक्षण आवश्यकताओं को पूरा करते हैं। वे सूचना केन्द्रों का कार्य करते तथा अन्य विस्तार सेवाएँ भी प्रदान करते हैं।

4 लघु उद्योग इकाई की स्थापना

एकक-1

परियोजना चयन

4.1.1 शुरुआत तो विचार से ही होती है

कोई भी व्यक्ति लघु उद्योग लगाना चाहता है तो उसका सबसे बड़ा कारण आम तौर पर क्या होता है ? अवसर। अगर किसी को यह अवसर दीखता है कि किसी उत्पाद या सेवा प्रदान करने से काफी अधिशेष (यह मुनाफा जैसी ही धारणा होती है) अर्जित किया जा सकता है तो वह लघु उद्योग लगाने में जुट जाता है। दूसरी बात यह भी है कि ऐसे लोग छोटे उद्योग को छोटा नहीं समझते बल्कि उनका विश्वास होता है कि लघु ही सुंदर होता है।

वैसे, किसी को सुनहरा मौका कैसे मिलता है ? अवसर तो विचारों से ही उभरते हैं जब आप अपने मित्रों, पड़ोसियों के जीवन के बारे में सोचते हैं। इसी से ऐसे उत्पादों एवं सेवाओं के बारे में सूझ निकलती है जिनके सहारे आम लोगों का जीवन सुखद और सहज बनाया जा सकता है।

> *"हमारे श्रेष्ठ व्यावसायिक मिशन उन विचारों पर आधारित होते हैं जो प्रायः हमारी गहरी व्यक्तिगत अभिप्रेरणाओं तथा हितों से उभरते हैं।"*
>
> ***वारेन एविस***
>
> अपनी पुस्तक **टेक ए चांस टु बी फर्स्ट** में

इस प्रकार आप अपनी लघु इकाई लगाने के स्वप्न को फलीभूत करनेवाले विचार या सूझ को आठ स्तरों पर छानते हैं तब जाकर सचमुच का अवसर सामने आ पाता है। ऐसा ही एक मॉडेल आकृति 4-1 में दिखलाया गया है।

वि चा र

क्या यह विचार आपको अभिप्रेरित करता है ?

क्या यह व्यापारिक प्रस्ताव आपके क्षेत्र में व्यावहारिक रहेगा ?

क्या यह ग्राहकों की माँग के अनुरूप है ?

बाजार की स्थिति का आकलन करें

बाजार में इसका परीक्षण करें

विषेषज्ञों से राय लें

प्रतियोगी का अता-पता लें

क्या इस व्यवसाय का सुनहरी समय भी है ?

व्यवसाय के लिए यह अच्छा अवसर है

आकृति 4-1 : विचार को व्यावहारिक कसौटी पर छानकर अवसर तक पहुँचानेवाला मॉडेल

4.1.2 परियोजना को मूर्त रूप देना

एक बार विचार को परखने के बाद सुनहरा व्यावसायिक अवसर सामने आता है, फिर उसकी परियोजना को मूर्त रूप देने के लिए उसके सभी आयामों को

मूर्त करने की आवश्यकता होती है। इसके चार चरण होते हैं :

(1) उत्पाद (आकृति, आकार तथा प्रकृति)
(2) प्रक्रिया (उत्पाद बनाने की टैक्नोलॉजी)
(3) स्थान (प्लांट का स्थान)
(4) भागीदार (टैक्नोलॉजी अथवा वित्तीय क्षेत्र का भागीदार)

इन चारों पर आगे विस्तार से चर्चा करेंगे।

4.1.2.1 उत्पाद का चयन

परियोजना को मूर्त करने के रूप में उत्पाद का चयन करते समय उत्पाद से संबंधित निम्न कारणों पर विचार करने की आवश्यकता होती है :

- प्रोडक्ट लाइन, गहनता तथा व्यापकता (डेफ्थ एंड विड्थ)
- पैकेजिंग
- ब्रांडिंग
- वारंटी
- बिक्री उपरान्त सेवा

उत्पाद चयन को अंतिम रूप देते समय कुछ अन्य कारणों पर विचार किए जाने की आवश्यकता होती है :

- कच्चा माल आसानी से उपलब्ध हो
- प्रक्रिया टैक्नोलॉजी अच्छी हो
- बाजार तक पहुँच आसान हो
- सरकार से प्रोत्साहन तथा सहायता कितनी मिलती है

उत्पाद चयन के लिए बाजार संबंधी सूचना अत्यंत महत्त्वपूर्ण होती है। जिस उत्पाद को बनानेवाले प्रतियोगी बाजार में अधिक हों, उस उत्पाद का विचार छोड़ ही देना चाहिए जैसे प्लास्टिक, फुटवेयर, ऑडियो कैसेट, डिस्पोजेबल ग्लोव्स तथा बल्क ड्रग्स।

यदि उद्यमी निर्यात की संभावना को ध्यान में रख रहा है तो उसे इन प्रश्नों पर विचार करना चाहिए :

1. निर्यात उत्पाद पोर्टफोलियो में क्या-क्या शामिल किया जाए ?
2. इस उत्पाद के निर्यात में किस तरह की पैकेजिंग चलेगी ?
3. देश-विदेश के बाजार को देखते हुए उत्पाद में क्या सुधार किया जाना चाहिए ?

निम्नलिखित चार मानदंडों पर विचार कर निर्यात उत्पाद पोर्टफोलियो का विकास किया जा सकता है :

1. बाहरी माँग की स्थिति
2. आपूर्ति की आंतरिक क्षमता
3. विपणन कार्य की जटिलता
4. बाजार में प्रवेश करने के लिए अपेक्षित निवेश धनराशि

इस चार-आयामी मॉडेल का इस्तेमाल करके विश्लेषण किया जा सकता है। उसी उत्पाद का चयन उचित होगा जो पहले दो मानकों पर अधिक तथा शेष दो मानकों पर कम अंक हासिल करे।

भारतीय आयात-निर्यात बैंक (एक्सपोर्ट-इंपोर्ट बैंक ऑफ इंडिया—एक्जिम) ने निम्नलिखित तीन मानदंडों के आधार पर निर्यात उत्पाद पोर्टफोलियो को विकसित करने के लिए एक बेहतरीन मॉडेल का विकास किया है :

1. उत्पाद समूह में आपूर्ति क्षमता
2. घरेलू वातावरण
3. निर्यात बाजार का आकर्षण

यह विश्लेषण ऊँची संभाव्यता तथा नीची संभाव्यता वाले उत्पाद समूहों की दो श्रेणियाँ सामने रखता है। ऊँची संभाव्यता वाले कुछ क्षेत्र ये हैं :

- चमड़े से बने वस्त्र
- यार्न और धागे
- परिधान—बुने तथा कढ़े
- ब्लैक एंड व्हाइट टी.वी.
- कॉस्ट्यूम ज्वैलरी

निर्यात किये जानेवाले देश की विशेष पैकेजिंग विधियों की जानकारी होनी चाहिए, मसलन आस्ट्रेलिया को निर्यात करते समय लकड़ी से पैकेजिंग नहीं हो सकती।

उत्पाद विदेशों के अनुकूल होना चाहिए। मसलन बिजली उपकरण के मामले में यह देखना चाहिए कि वहाँ 220 या 110 वोल्ट का चलन है, या ऑटोमोबिल के मामले में यह जानना जरूरी है कि देश-विशेष में लेफ्ट हैंड ड्राइव या राइट हैंड ड्राइव प्रचलित है।

4.1.2.2 प्रक्रिया चयन

उत्पाद का चयन हो जाने के बाद प्रक्रिया चयन की बारी आती है। कुछ जटिल उत्पादों के मामले में उत्पादन प्रक्रिया की जानकारी विदेशी सहयोगियों से आयात करनी पड़ती है। ऐसे मामले में अपने हितों को सुरक्षित रखते हुए टैक्नोलॉजी ट्रांसफर का समझौता किया जाना चाहिए।

ऐसी बहुत सी उपयुक्त टैक्नोलॉजी काउंसिल फॉर साइंटिफिक एंड इंडस्ट्रियल रिसर्च तथा डिफेंस रिसर्च लेबोरेटरी में उपलब्ध है। ऐसी टैक्नोलॉजी अब इस पते से खरीदी जा सकती है :

नेशनल रिसर्च एंड डेवेलपमेंट कारपोरेशन (एन.आर.डी.सी.)
जमरूदपुर, नई दिल्ली

देश में विकसित प्रक्रिया उपयुक्त होने के साथ ही अपेक्षाकृत सस्ती है और सहजता से उपलब्ध है जिसके कई लाभ हैं।

प्रोसेस टैक्नोलॉजी का परीक्षण करते समय निम्नलिखित बिंदुओं पर ध्यान देना जरूरी है :

(1) क्या इस प्रक्रिया में बहुत कुशल मजदूर या जटिल मशीनों की जरूरत होगी ?

(2) क्या इस प्रक्रिया में पानी और बिजली की खपत अधिक होगी ?

(3) क्या इस प्रक्रिया या इससे बने उत्पाद को पेटेंट कराने की जरूरत होगी ?

(4) क्या इस प्रक्रिया के चलते प्रदूषण नियंत्रण या पर्यावरण विनियमों का विशेष पालन करने की जरूरत होगी ?

(5) यह प्रक्रिया भारतीय वातावरण तथा परिस्थितियों के लिए कितनी उपयुक्त होगी ?

4.1.2.3 स्थल महत्त्वपूर्ण होता है

उत्पाद तथा उसके निर्माण की प्रक्रिया का चयन करने के बाद एक प्रमुख सवाल यह उठता है कि इकाई की स्थापना कहाँ की जाये ?

अनेक लघुतम तथा सेवा-आधारित इकाइयों के लिए अपना क्षेत्र ही सर्वश्रेष्ठ स्थल होता है।

बॉक्स 4-क अपने घर से शुरू किए जानेवाले 10 सेवा संबंधी व्यवसाय
➤ कूरियर मेसेंजर सर्विस
➤ आऊटडोर केटरिंग सेवा
➤ मेल ऑर्डर रिटेलिंग
➤ ब्यूटी पार्लर
➤ ट्रैवेल एजेंसी
➤ क्लीयरिंग एंड मेन्टिनेंस सर्विस
➤ डाटा प्रोसेसिंग
➤ हैल्थ क्लब
➤ चाइल्ड केयर सर्विस (क्रेश)
➤ मेडिकल क्लिनिक्स

"...कोई डाइनिंग टेबुल पर या घर के किसी कोने में भी अपना व्यापार शुरू कर सकता है। लाखों लोगों ने अपना कारोबार ऐसे ही शुरू किया और शुरुआत में यह सब चलता है। फिर भी अधिकांश काम घर पर करनेवाले को अपने कार्यस्थल को अधिक आरामदेह, सक्षम तथा स्थायी बनाने की आवश्यकता भविष्य में होती है।"

–लाइनी एंड्रयू

अपनी पुस्तक **द वर्क एट होम सोर्स** बुक में

फिर भी आधुनिक लघु इकाई को ऐसे औद्योगिक क्षेत्र या परिसर में स्थापित करने की आवश्यकता होती है जहाँ बुनियादी संरचना सुविधाएँ मौजूद हों। लेकिन अधिकांश मामलों में स्थल का चयन इस बात पर निर्भर करता है कि उस क्षेत्र विशेष में क्या-क्या सब्सिडी या प्रोत्साहन पैकेज राज्य का औद्योगिक विकास निगम दे रहा है।

लेकिन यदि आपकी इकाई रिटेल कारोबार (जैसे फैशन गारमेंट्स, कंज्यूमर ड्यूरेबल्स) का है तो स्थल का महत्त्व उतना नहीं होगा।

> *"...भीतर ही भीतर आप अपने ग्राहकों को मूर्ख और आलसी मानें। आलसी का अर्थ यह है कि वह आपका उत्पाद खरीदने या सेवा लेने में उँगली तक हिलाना नहीं चाहेगा। मूर्खता का मतलब यह है कि ग्राहक नक्शा तक नहीं पढ़ सकता। इसलिए उद्देश्य यह होना चाहिए कि व्यापार का स्थल ऐसा हो जहाँ उसे अनदेखा न किया जा सके।*
>
> **–जेम्स हॉजोरन**
>
> अपनी पुस्तक **द आंत्रेप्रेन्यर्स गाइड टु ए सक्सेसफुल बिजनेस** में

स्थल के मामले में निर्णय लेने के क्रम में निम्नलिखित दो अन्य कारकों पर भी विचार किया जाता है :

1. बाजार से समीपता
2. कच्चे माल के स्रोत से समीपता

4.1.2 सही भागीदार कैसे चुनें

एक सही भागीदार का चयन मुश्किल कार्य है। भागीदारी वित्तीय या टैक्नोलॉजी के क्षेत्र में हो सकती है।

पहले के अनुच्छेद में टैक्नोलॉजी या प्रक्रिया चयन पर विचार किया गया था। फिर भी टैक्नोलॉजी भागीदार का चयन करते समय यह जानना जरूरी है कि भागीदार किस प्रकार की सहायता प्रदान करना चाहता है। वित्तीय भागीदारी का मामला अधिक जटिल है। वैसे एस.आई.डी.बी.आई. तथा राज्य वित्त निगमों जैसी संस्थाओं से संस्थानिक वित्तीय भागीदारी अब हमेशा प्रचुर मात्रा में उपलब्ध है।

"...यदि आपका भागीदार सही है तो वह आपके लिए सहायक हो सकता है। फिर भी एक अच्छे पति या पत्नी की तरह ही एक सही भागीदार प्राप्त करना मुश्किल काम है। भागीदारी तभी की जानी चाहिए जब आप सकारात्मक रूप से यह सुनिश्चित कर लें कि वह निश्चित रूप से आपके व्यवसाय में लाभ की कुछ संभावनाएँ जोड़ेगा।

–टाइलर हिक्स

अपनी पुस्तक **हाउ टु स्टार्ट योर ओन बिजनेस ऑन ए शूस्ट्रिंग** में

4.1.3 प्रोजेक्ट रिपोर्ट तैयार करना

लघु उद्योग इकाई स्थापित करने के लिए प्रोजेक्ट रिपोर्ट तैयार करना पहला काम होता है। यह बनाना जरूरी इसलिए है क्योंकि :

क. यह लक्ष्य को स्पष्ट निर्धारित करता है तथा परियोजना के बारे में संदेह को हटाता है।

ख. औद्योगिक परिसर में भूखंड/शेर्ड तथा वित्ताय संस्थानों से ऋण-प्राप्ति हेतु आवेदन करने के लिए इसे बनाना जरूरी है।

ग. परियोजना के विभिन्न चरणों में यह रिपोर्ट उद्यमी का मार्गदर्शन करती है।

प्रोजेक्ट रिपोर्ट को एक समग्र दस्तावेज होना चाहिए जिसमें तकनीकी, आर्थिक तथा व्यापारिक विश्लेषण शामिल हों। इसे बनाते समय कोशिश यह होनी चाहिए कि यह यथासंभव वास्तविक तथा यथार्थ हो।

आगे बाक्स 4-ख में प्रोजेक्ट रिपोर्ट का एक मॉडेल दिया गया है।

बॉक्स 4-ख

प्रोजेक्ट रिपोर्ट का ढाँचा

क. मुखपृष्ठ
– परियोजना का नाम
– प्रवर्तक (प्रोमोटर) का नाम एवं पता

ख. सारांश
– परियोजना का संक्षिप्त उद्देश्य
– प्रवर्तक का जीवन-वृत्त (बायो-डाटा)
– परियोजना की लागत
– वित्त का स्रोत
– विपणन योजना का भविष्य आकलन (प्रोजेक्शन)

ग. टैक्नोलॉजी योजना
– उत्पाद
– प्रक्रिया/टैक्नोलॉजी
– प्लांट का नक्शा
– क्षमता
– लाभ-अलाभ विश्लेषण (ब्रेक इवन एनलेसिस)
– पानी-बिजली उपभोग
– पर्यावरण अनुपालन

घ. विपणन योजना
– उत्पाद विकास
– बाजार विकास
– बिक्री की उम्मीद
– निर्यात की संभावना
– मूल्य नीति

ङ. प्रचालन योजना (ऑपरेशन प्लान)
– निर्माण का क्रम और समयबद्ध कार्यक्रम

– क्षमता का उपयोग
– उत्पादन की लागत
– कच्चे माल की खपत

च. वित्तीय सूचनाएँ – वित्त का स्रोत
– ऋण तथा ब्याज की अदायगी
– कार्य परिणामों का अनुमान
– मूल्य ह्रास की अनुसूचियाँ
– संभावित तुलनपत्र
– संभावित हानि-लाभ विवरण
– संभावित धनराशि प्रवाह
– आवश्यक कार्यशील पूँजी का अनुमान
– कोष के संभावित स्रोत एवं उपयोग का विवरण
– लागत विश्लेषण

एकक-2

वित्तीय व्यवस्था तथा आवश्यक स्वीकृतियाँ एवं अनुमोदन

इस एकक में लघु उद्योग परियोजना से संबंधित सभी वित्तीय पहलुओं को प्रस्तुत किया गया है। पंजीकरण प्रक्रिया और विभिन्न आवश्यक अनुमोदनों, स्वीकृतियों तथा अनुमतियों को हासिल करने की प्रक्रिया का वर्णन आगे दिया गया है।

4.2.1 धन-प्राप्ति

कोई भी लघु उद्योग मौद्रिक सहायता (मोनेटरी सपोर्ट) के बगैर चल नहीं सकता। इसकी वित्तीय जरूरतों को कई प्रकारों में बाँटा जा सकता है :

- दीर्घ एवं मध्यम अवधि ऋण
- अल्प अवधि अथवा कार्यशील पूँजी के लिए ऋण
- जोखिम पूँजी
- शुरुआती पूँजी (सीड कैपिटल)/उपांत राशि (मार्जिन मनी)
- तात्कालिक ऋण (ब्रिज लोन)

भारत में लघु उद्योगों के लिए वित्तीय सहायता देनेवाले कई संस्थान हैं। कुछ प्रमुख संस्थान ये हैं :

- स्माल इंडस्ट्रीज़ डेवेलपमेंट बैंक ऑफ इंडिया (सिडबी) : पुनर्वित्तपोषण

(रिफाइनेंस) तथा प्रत्यक्ष ऋण के लिए

- स्टेट फाइनेंशियल कारपोरेशन (एस.एफ.सी. जैसे दिल्ली फाइनेंशियल कारपोरेशन)
- नेशनल स्माल इंडस्ट्री कारपोरेशन
- विभिन्न राज्यों के स्माल इंडस्ट्री डेवेलपमेंट कारपोरेशन
- व्यापारिक तथा सहकारी बैंक
- डिस्ट्रिक्ट इंडस्ट्री सेंटर (जिला उद्योग केन्द्र)

दीर्घ तथा मध्यम अवधि का ऋण एस.एफ.सी., सिडबी तथा स्टेट इंडस्ट्रियल डेवेलपमेंट कारपोरेशन से प्राप्त किया जा सकता है। बैंक भी आवधिक ऋण (टर्म लोन) देते हैं। इस तरह का ऋण जमीन खरीदने, फैक्टरी का भवन बनाने, शेड बनाने, मशीन तथा उपकरण खरीदने में किया जा सकता है। आवधिक ऋण की सुरक्षा के लिए भूमि, भवन, मशीन, उपकरणों एवं अन्य भंडारों को रेहन रख लिया जाता है।

अल्प अवधि ऋण की आवश्यकता कार्यशील पूँजी की जरूरतों के लिए होती है और कार्यशील पूँजी के जरिये ही कच्चे माल की खरीद, दैनिक खपत की सामग्री की खरीद, वेतन का भुगतान, एवं निर्माण के अन्य खर्च, तात्कालिक खर्च तथा प्रशासनिक खर्च को पूरा किया जाता है। ऐसे ऋण आम तौर पर व्यावसायिक बैंकों से प्राप्त किए जा सकते हैं।

वैसे लघु उद्योग के लिए 'एकल खिड़की योजना' भी उपलब्ध है। इस स्कीम के तहत एक ही एजेंसी–चाहे वह बैंक हो या कोई वित्तीय संस्थान हो–आवधिक ऋण (टर्म लोन) तथा कार्यशील पूँजी दोनों के लिए ऋण देती है। इस स्कीम में 50 लाख रु. तक की परियोजना लागत वाले सभी लघु उद्योग आते हैं।

> *"...कभी यह न सोचें कि ऋण देनेवाला आपका हित कर रहा है। ऐसा कोई बैंक मैं नहीं जानता जो आपका या किसी और का भला करना चाहता है। ऋण देना उनका धंधा है और वे इसमें निपुण हैं।"*
>
> **–रोजर फ्रिट्ज़**
>
> अपनी पुस्तक **नोबडी गेट्स रिच वर्किंग फॉर समबडी एल्स** में

कार्यशील पूँजी आम तौर पर निम्नलिखित सुरक्षा (सिक्यूरिटी) के बदले प्राप्त

की जा सकती है :

- कच्चा माल तथा तैयार माल को रेहन रखकर
- वर्क-इन-प्रोग्रेस (कार्य प्रगति) के बदले ऋण
- बिलों के बदले ऋण

वित्तीय संस्थानों और व्यापारिक बैंकों को कर्ज के लिए औपचारिक आवेदनपत्र देना होता है। आवेदनपत्र के साथ दिए जानेवाले दस्तावेजों का ब्यौरा बॉक्स 4-ग में दिया गया है

बॉक्स 4-ग **आवेदनपत्र के साथ दिए जानेवाले दस्तावेज**
• प्रोमोटर द्वारा चलाई जा रही फर्मों के पिछले तीन साल के तुलनपत्र (बैलेंस शीट) तथा लाभ-हानि विवरण
• भागीदारों तथा निदेशकों का आयकर आकलन प्रमाणपत्र
• भूमि/भवन के अधिग्रहण का प्रमाणपत्र
• निर्माण लागत का वास्तुविद (आर्किटेक्ट) द्वारा लगाया गया अनुमान
• भागीदारी विलेख (पार्टनरशिप डीड)/कंपनी का मेमोरंडम तथा आर्टिकल्स ऑफ एसोसिएशन
• प्रोजेक्ट रिपोर्ट
• प्लांट और मशीनरी का बजटीय कोटेशन

बैंक आवेदनपत्र का मूल्यांकन करने के बाद स्वीकृति या अस्वीकृति का पत्र जारी करता है। यदि किसी को स्वीकृति पत्र मिलता है तो आवेदक को लिखित रूप में बैंक/वित्तीय संस्थान को निर्धारित शर्तों पर अपनी सहमति देनी होती है।

इसके बाद परियोजना के चरणबद्ध निर्माण कार्यक्रम के क्रियान्वयन के आधार पर कर्ज का भुगतान किया जाता है।

आज व्यापारिक बैंकों तथा सरकारी वित्तीय संस्थानों के अलावा अन्य विकल्प

भी मौजूद हैं। इन विकल्पों में वेंचर कैपिटल फंड तथा गैर-सरकारी वित्त कंपनियाँ भी हैं। वैसे दूरदर्शी उद्यमी को भी आकस्मिक जरूरत के लिए निजी स्रोतों, मित्रों तथा रिश्तेदारों से उधार लेना पड़ता है। आगे बॉक्स 4-घ में विभिन्न विकल्पों के लाभ तथा हानि को दिखाया गया है।

बॉक्स 4-घ
वित्तीय स्रोत के विकल्प

निजी स्रोत

स्वयं का पैसा ● रिश्तेदारों, मित्रों तथा पड़ोसियों का धन

+	-
● आसानी से मिलता है	● परिवार के लोगों/मित्रों को समय पर निराश न करें, इसका अलिखित दबाव मन पर रहता है
● परिवार तथा मित्र मदद करके ही प्रसन्न होते हैं	● कम पूँजी से ही काम चलाने की प्रवृत्ति

सरकारी वित्तीय संस्थान

सिडबी ● डी.आई.सी. ● एस.एफ.सी ● एस.आई.डी.सी.

+	-
● आकर्षक ब्याज दरें	● आवेदन करना कठिन और ऋण मिलने में देरी होती है
● कुछ क्षेत्रों में विशेष स्कीम	● गहन पूछताछ होती है
● कमजोर वर्गों के लिए विशेप स्कीम	● लालफीताशाही के चलते देर होती है।

निजी वित्तीय कंपनियाँ

+

- बैंकों के मुकाबले आसानी से ऋण सुलभ

-

- ब्याज की दर ऊँची
- इन कंपनियों में आपसी होड़ के चलते कठोर व्यवहार

बैंक

+

- मजबूत वित्तीय स्रोत और प्रबंधन का अनुभव

-

- प्रतिभूति में सख्ती तथा समय अधिक लगता है
- ट्रांजेक्शन लागत

वेंचर कैपिटल

टी.डी.आई.सी.आई. ● आर.सी.टी.पी. ● प्राइवेट फंड

+

- उचित ब्याज दर
- शुरुआती पूँजी का अच्छा स्रोत
- अनुभवी प्रबंध

-

- अक्सर व्यवसाय पर कुछ अपना नियंत्रण चाहते हैं

4.2.2 अपना लघु उद्योग कैसे पंजीकृत कराएँ

छठे दशक की शुरुआत में लघु उद्योगों के लिए पंजीकरण योजना लागू की गई थी। इसका मुख्य उद्देश्य था कि आँकड़े जमा किए जाएँ ताकि इन इकाइयों को प्रोत्साहन तथा सहायता सेवाएँ दी जा सकें। 1975 में पंजीकरण के लिए एकरूप प्रक्रिया शुरू करने का मार्गदर्शन जारी किया गया। उसके बाद 1989 में भी मार्गदर्शन जारी किया गया जिसमें अस्थायी तथा स्थायी पंजीकरण के

लिए कोडेड आवेदनपत्र का प्रारूप जारी किया गया ताकि सारे राज्यों तथा केन्द्र शासित क्षेत्रों में एकरूपता रहे और कम्प्यूटरीकरण में सुविधा हो। राज्य सरकारों ने आम तौर पर इन्हीं मार्गदर्शनों को स्वीकार कर लिया है। फिर भी कुछ राज्यों ने पंजीकरण आवेदनपत्र में कुछ संशोधन किए हैं क्योंकि लघु उद्योग राज्य के ही विषय होते हैं। वे भी अपनी नीतियों को लागू करने के लिए पंजीकरण स्कीम का ही उपयोग करते हैं। यह भी संभव है कि कुछ राज्यों में सीडो पंजीकरण स्कीम तथा राज्य पंजीकरण स्कीम दोनों लागू हों।

4.2.2.1 पंजीकरण के लाभ

पंजीकरण की कोई कानूनी बाध्यता नहीं है। फिर भी इकाइयाँ आम तौर पर केन्द्र अथवा राज्य सरकार द्वारा दिए जानेवाले नामों, प्रोत्साहनों तथा सेवाओं को प्राप्त करने के लिए पंजीकरण करवाती हैं। केन्द्र सरकार निम्नलिखित प्रोत्साहन देती है :

1. ऋण सुविधा (प्राथमिक क्षेत्र ऋण), ब्याज की विभेदी दरें (डिफरेंशियल रेट) आदि।
2. उत्पाद शुल्क छूट स्कीम
3. प्रत्यक्ष कर कानून के अन्तर्गत छूट
4. आरक्षण तथा विलंबित भुगतान पर ब्याज अधिनियम जैसी वैधानिक सहायता

(यह नोट किया जाना चाहिए कि बैंकिंग कानून, उत्पाद शुल्क कानून तथा प्रत्यक्ष कर कानूनों में लघु उद्योग को छूट अधिसूचनाओं में शामिल कर दी गई है। वैसे वहाँ कई मामलों में इसकी परिभाषा दूसरे अंदाज से भी की जाती है। फिर भी आम तौर पर पंजीकरण अधिकारी द्वारा जारी पंजीकरण प्रमाणपत्र को लघु उद्योग के प्रमाण के रूप में माना जाता है।)

लघु उद्योगों के लिए राज्यों/केन्द्र-शासित क्षेत्रों के, सुविधाओं तथा प्रोत्साहनों के अपने पैकेज हैं। इन पैकेजों में औद्योगिक परिसरों के विकास, कर सब्सिडी, ऊर्जा शुल्क में सब्सिडी, पूँजी निवेश सब्सिडी तथा अन्य सहायता शामिल होती है। केन्द्र तथा राज्य सरकारें दोनों अपने यहाँ पंजीकृत (चाहे वे कानून के अन्तर्गत हों या नहीं) इकाइयों के लिए प्रोत्साहन तथा सहायता का पैकेज लागू करती हैं।

4.2.2.2 पंजीकरण स्कीम के उद्देश्य

संक्षेप में ये निम्नलिखित हैं :

1. प्रोत्साहनों तथा सहायता पैकेज के लिए लक्षित लघु उद्योगों की गणना करना तथा उनकी सूची रखना
2. इकाई को प्रमाणपत्र देना ताकि संरक्षण के लिए उसे कानूनी लाभ मिल सके
3. आँकड़ों को जमा करना
4. लघु उद्योगों को प्रोत्साहित करने के लिए केन्द्र, राज्य तथा जिला स्तर पर नोडल केन्द्र स्थापित करना

4.2.2.3 स्कीम की विशेषताएँ

स्कीम की विशेषताएँ निम्नलिखित हैं :

- जिला उद्योग केन्द्र प्राथमिक पंजीकरण केन्द्र होता है।
- पंजीकरण स्वैच्छिक है, इसकी बाध्यता नहीं होती।
- राज्यों में दो प्रकार का पंजीकरण किया जाता है। पहले एक अस्थायी पंजीकरण प्रमाणपत्र दिया जाता है। बाद में उत्पादन शुरू होने पर स्थायी पंजीकरण प्रमाणपत्र दिया जाता है।
- अस्थायी प्रमाणपत्र पाँच वर्षों के लिए वैध माना जाता है।

4.2.2.4 अस्थायी पंजीकरण प्रमाणपत्र (पी.आर.सी.)

क. यह पूर्व संचालन अवधि के लिए दिया जाता है तथा प्राथमिक क्षेत्र ऋण के अन्तर्गत वित्तीय संस्थानों/बैंकों से आवधिक ऋण (टर्म लोन) तथा कार्यशील पूँजी के लिए ऋण लेने में सहायक होता है।

ख. रिहाइश, जमीन आदि के लिए स्वीकृति प्राप्त करने के लिए।

ग. विभिन्न संवैधानिक विनियामक संस्थाओं—मसलन प्रदूषण नियंत्रण बोर्ड, श्रम विनियोजन आदि से आवश्यक अनापत्ति प्रमाणपत्र (नो आब्जेक्शन सर्टिफिकेट) प्राप्त करने के लिए उपयोगी।

4.2.2.5 स्थायी पंजीकरण प्रमाणपत्र

निम्नलिखित प्रोत्साहन और छूट प्राप्त करने में यह सहायक होता है :

क. उत्पाद शुल्क में छूट

ख. आयकर में छूट तथा राज्य सरकार की नीति के अनुसार बिक्रीकर में छूट

ग. बिजली शुल्क आदि के लिए प्रोत्साहन तथा छूट

घ. निर्मित उत्पादों की बिक्री में सरकार द्वारा खरीद तथा मूल्य में प्राथमिकता

ङ. लागू नीति के अनुसार कच्चे माल की उपलब्धता

4.2.2.6 पंजीकरण की प्रक्रिया

वर्तमान प्रक्रिया की मुख्य बातें ये हैं :

1. कोई भी इकाई पी.आर.सी. के लिए आवेदन कर सकती है बशर्ते कि उक्त उत्पाद (यानी अनुसूची 3 में शामिल सभी उत्पाद तथा लाइसेंसिंग एक्जेंम्पशन नोटिफिकेशन की अनुसूची 1 और 2 में जो उत्पाद शामिल नहीं हैं) के लिए औद्योगिक लाइसेंस की जरूरत नहीं है।

2. निर्धारित प्रपत्र में आवेदन दिया जाता है। मौके पर जाकर कोई जाँच नहीं की जाती और पी.आर.सी. तुरंत जारी कर दिया जाता है।

3. पी.आर.सी. पाँच साल के लिए वैध होता है। अगर उद्यमी इस अवधि में उद्योग नहीं लगा पाता तो वह नए सिरे से आवेदन कर सकता है।

4. इकाई द्वारा उत्पादन शुरू करने के बाद निर्धारित प्रपत्र (फार्म) में स्थायी पंजीकरण प्रमाणपत्र के लिए आवेदन करना चाहिए। इसे जारी करने के पहले निम्नलिखित बिंदुओं का मूल्यांकन किया जाता है :

क. इकाई ने संवैधानिक अथवा प्रशासनिक निकाय जैसे प्रदूषण नियंत्रण बोर्ड से या औषधि नियंत्रण व्यवस्था के तहत ड्रग लाइसेंस तथा सभी आवश्यक अनापत्ति प्रमाणपत्र हासिल कर लिया है या नहीं।

ख. मूल्यांकन के समय इकाई स्थल संबंधी प्रतिबंध (लोकेशनल रेस्ट्रिक्शन) का उल्लंघन कर रही है या नहीं।

ग. प्लांट तथा मशीनरी का मूल्य तय सीमा के अंदर है या नहीं।

घ. इकाई किसी औद्योगिक अंडरटेकिंग (नोटिफिकेशन के अनुसार) की सम्पत्ति, नियंत्रण या शाखा तो नहीं है।

4.2.2.7 गैर-पंजीकरण

यदि इकाई निम्नलिखित विनियमों का उल्लघंन करती है तो वह गैर-पंजीकृत हो सकती है :

1. निवेश की सीमा पार करने पर।
2. किसी ऐसे उत्पाद का निर्माण करना जिसके लिए औद्योगिक लाइसेंस या अन्य किसी लाइसेंस की जरूरत पड़ती हो।
3. यदि इकाई किसी अन्य औद्योगिक उपक्रम के स्वामित्व, नियंत्रण तथा शाखा न बनने की शर्त का उल्लंघन करती हो।

4.2.3 अनुमोदन तथा अनुमति प्राप्त करना

प्रत्येक लघु इकाई को सभी लघु इकाई विनियमों का पालन करना होता है। इसमें विनियम, कर, पर्यावरण तथा कुछ उत्पादों के लिए अनुमति आदि शामिल हैं। इस खंड में इन अनुमोदनों तथा अनुमतियों को प्राप्त करने की पद्धति पर विचार किया गया है।

4.2.3.1 अनिवार्य लाइसेंस से छूट

औद्योगिक क्षेत्र के लिए लाइसेंस का मामला उद्योग (विकास एवं विनियमन) अधिनियम 1951 के तहत 25 जुलाई 1991 को भारत सरकार द्वारा जारी लाइसेंस से छूट अधिसूचना के अन्तर्गत आता है।

लघु उद्योग के लिए किसी लाइसेंस की जरूरत नहीं है। आज 15 उत्पाद समूहों (जो प्रायः बड़े उद्योगों में ही बनते हैं) को छोड़कर किसी उत्पाद के लिए लाइसेंस लेने की जरूरत नहीं है।

फिर भी अगर कोई लघु उद्योग जिसमें 50 कामगार (बिजली से चलनेवाला उद्योग) या 100 कामगार (बगैर बिजली से चलनेवाला) रहें और वह उपर्युक्त वर्णित 15 उत्पाद समूहों में से ही कोई उत्पाद बनाये तब भी उस लघु उद्योग को किसी लाइसेंस की जरूरत नहीं पड़ेगी।

इस शर्त के अनुसार भारत में कहीं भी लघु इकाई बिना किसी प्रतिबंध के स्थापित की जा सकती है। हाँ, इकाई को लोकेशन/भूमि उपयोग तथा क्षेत्र प्रतिबंधों (जो देश के कानून के अनुसार होंगे) का पालन जरूर करना होगा।

4.2.3.2 अनुमतियाँ प्राप्त करना

उद्यमी को अपनी इकाई की प्रकृति तथा उत्पाद के आधार पर कई अनुमतियाँ प्राप्त करनी होती हैं। इसके बारे में कई तालिकाओं के सहारे जानकारी सुलभ तरीके से आगे दी जा रही है।

तालिका 4-क
विनियामक तथा कराधान (रेग्युलेटरी एंड टैक्सेशन) अनुमतियाँ

काम	अधिकारी
1. बिक्रीकर अधिनियम के अधीन पंजीकरण	1. संबंधित क्षेत्र का व्यापार कर अधिकारी
2. केन्द्रीय उत्पाद शुल्क के अधीन पंजीकरण	2. क्षेत्र का केन्द्रीय उत्पाद शुल्क कलक्टर या उसका प्रतिनिधि
3. आयकर का भुगतान	3. क्षेत्र का आयकर अधिकारी
4. भागीदारी विलेख (डीड) का पंजीकरण	4. क्षेत्र का इंस्पेक्टर जनरल ऑफ रजिस्ट्रेशन
5. बाट और माप का रजिस्ट्रेशन	5. बाट एवं माप निरीक्षक
6. बिजली	6. राज्य विद्युत बोर्ड का क्षेत्र अधिकारी
7. पावर/पावररहित इकाई में 10/20 से अधिक कर्मचारी	7. मुख्य फैक्टरी निरीक्षक

तालिका 4-ख
पर्यावरण तथा प्रदूषण से संबंधित अनुमतियाँ

काम	अधिकारी
1. प्रदूषण नियंत्रण	1. राज्य प्रदूषण नियंत्रण बोर्ड
2. औद्योगिक क्षेत्र के बाहर लगी इकाइयाँ	2. निगम/नगरपालिका/पंचायत से अनुमति

3. पानी और गैसीय अपशिष्ट/निस्सारी निपटान	3. राज्य प्रदूषण नियंत्रण बोर्ड
4. बॉयलर का पंजीकरण तथा लाइसेंस	4. मुख्य बॉयलर निरीक्षक

तालिका 4-ग

उत्पाद संबंधी विशेष अनुमतियाँ

उत्पाद	**अधिकारी**
1. प्रिंटिंग प्रेस की स्थापना	1. जिला मजिस्ट्रेट
2. कोल्ड स्टोरेज निर्माण का लाइसेंस	2. राज्य द्वारा तय किया गया अधिकारी
3. कीटनाशक	3. केन्द्र/राज्य का कृषि विभाग
4. औषधि	4. स्टेट ड्रग कंट्रोलर
5. दियासलाई/पटाखे	5. विस्फोटक निदेशालय, नागपुर के विस्फोटक अधिनियम के तहत लाइसेंस
6. घरेलू बिजली उपकरण	6. ब्यूरो ऑफ इंडियन स्टैंडर्ड
7. जंगल के 8 किलोमीटर के दायरे में स्थित काष्ठ-उद्योग	7. जिला वन अधिकारी
8. दूध प्रसंस्करण इकाइयाँ एवं निश्चित क्षमता से अधिक दूध का उत्पाद निर्माण	8. राज्य कृषि विभाग से दूध तथा दूध-उत्पाद नियंत्रण आदेश के तहत अनुमति

संभावित लघु उद्यमियों के लिए कुछ मानचित्र दिए गए हैं जिनमें उद्योग लगाने के क्रम में आनेवाले मुख्य चरणों, इसके लिए दी जानेवाली सुविधाओं तथा उनमें सहायता करनेवाले अधिकारियों, कार्यालयों के नाम दिए गए हैं। यद्यपि यह मानचित्र आम है इसलिए लघु उद्यमियों को चाहिए कि अपने उद्योग तथा परिस्थिति के अनुरूप अपना मार्गदर्शक विशेष मानचित्र को बना लें।

लघु उद्यमी के लिए सहायक मानचित्र

स्वयं करें	महत्त्वपूर्ण चरण	सम्बन्धित एजेंसी
• उद्योग से संबंधित साहित्य तथा व्यापार पत्रिकाएँ पढ़ें • इस पुस्तक में खंड 1, 2, 3 में दी गई सूचनाओं का संक्षेपण कर लें	(क) लघु उद्योग हेतु व्यवसाय के माहौल की समीक्षा	• लघु उद्योग तथा कृषि एवं ग्रामीण उद्योग मंत्रालय • सीडो • डी.आई.सी • एन.एस.आई.डी.सी. • राज्य उद्योग निदेशालय • टेक्निकल कंसल्टेंसी ऑर्गेनाइजेशन
• आठ स्तरीय स्क्रीनिंग प्रक्रिया का इस्तेमाल करें • प्रोजेक्ट रिपोर्ट बनाएँ	(ख) व्यापार क्षेत्र का चयन, प्रोजेक्ट रिपोर्ट बनाना तथा अस्थायी पंजीकरण करवाना	• राज्य औद्योगिक विकास निगम • टेक्निकल कंसल्टेंसी ऑर्गेनाइजेशन • परामर्शदाता • स्माल स्केल सर्विस इंस्टिट्यूट • डिस्ट्रिक्ट इंडस्ट्री सेंटर
• अस्थायी पंजीकरण करायें • प्रोजेक्ट रिपोर्ट के आधार पर प्लॉट या शेड के आकार का अंदाजा लगाएँ	(ग) प्लॉट/शेड के आबंटन के लिए आवेदन देना	• राज्य औद्योगिक विकास निगम • राज्य उद्योग निदेशालय

1

लघु उद्यमी के लिए सहायक मानचित्र

स्वयं करें	महत्त्वपूर्ण चरण	सम्बन्धित एजेंसी
• प्रोजेक्ट रिपोर्ट के हिसाब से वित्त की जरूरत का अंदाजा लगाएँ • इसके लिए इस पुस्तक का खंड 4, एकक-2 देखें	(घ) टर्म लोन तथा वर्किंग कैपिटल के लिए आवेदन करना	• सिडबी • व्यापारिक बैंक • राज्य-वित्त निगम • निजी वित्तीय कंपनी • वेंचर कैपिटल फंड
• परियोजना रिपोर्ट के अनुसार प्लांट और मशीनरी का आकलन करें	(ङ) प्लांट तथा मशीनरी के संबंध में पूछताछ के लिए खत लिखें	• टेक्निकल कंसल्टेंसी ऑर्गनाइजेशन • एन.एस.आई.सी. • व्यापार मेला • उपकरणों के निर्मातागण
• इन एजेंसियों से निरंतर संपर्क करते रहें • आवश्यक दस्तावेज इन एजेंसियों को उपलब्ध कराएँ	(च) जमीन/शेड का आबंटन कराएँ/टर्म लोन स्वीकृत कराएँ।	• चरण ख, ग, तथा घ में दी गई एजेंसी

2

लघु उद्यमी के लिए सहायक मानचित्र

स्वयं करें	महत्त्वपूर्ण चरण	सम्बन्धित एजेंसी
• आर्किटेक्ट तथा ठेकेदार से संपर्क करें • निर्माण कार्य पर निगरानी रखें	(छ) निर्माण शुरू करें। प्लांट तथा मशीनरी के लिए आर्डर दें	• आर्किटेक्ट • ठेकेदार • उपकरण के आपूर्तिकर्ता
• एजेंसियों के साथ निरंतर संपर्क करते रहें	(ज) बिजली पानी का कनेक्शन लें	• संबंधित राज्य बिजली बोर्ड • जल-आपूर्ति अधिकरण
• कर्मचारियों की भरती के लिए विज्ञापन दें • भरती करनेवाले विशेषज्ञों/संस्थानों को कर्मचारियों तथा काम के बारे में ठीक-ठीक बताएँ	(झ) टेक्निकल तथा कमर्शियल कर्मचारियों की भरती करें	• एम्पलाइमेंट एक्सचेंज • भरती संस्थाएँ • स्थानीय इंजीनियरिंग कालेज/आई.आई.टी.

3

लघु उद्यमी के लिए सहायक मानचित्र

स्वयं करें	महत्त्वपूर्ण चरण	सम्बन्धित एजेन्सी
• नियत प्रपत्र में आवेदन करें • एजेंसियों से संपर्क करें, पुस्तक के चारों खंडों में दी गई तालिकाओं से मदद लें	(ञ) प्रदूषण कर तथा उत्पाद से संबंधित सांविधिक अनुमतियाँ ले लें	• कमर्शियल टैक्स आफिसर • कलक्टर, सेंट्रल एक्साइज • चीफ इंस्पेक्टर ऑफ फैक्टरीज़ • राज्य प्रदूषण नियंत्रण बोर्ड
• कच्चे माल का आर्डर दें • बैंकों से संपक करें	(ट) कच्चा माल खरीद लें तथा वर्किंग कैपिटल बैंक से हासिल कर लें	• विक्रेता • बैंक
	उत्पादन आरंभ करें	
• पंजीकरण प्रक्रिया का अध्ययन करें, इसके लिए देखें इस पुस्तक का खंड 4	(ठ) इकाई का स्थायी पंजीकरण कराएँ	• आपके जिले का डिस्ट्रिक्ट इंडस्ट्री

4

एकक-3

इकाई की स्थापना तथा संचालन

◆◆◆◆◆◆◆◆

4.3.0 प्रस्तावना

दुकान जमाकर, साईनबोर्ड लटकाकर ग्राहकों का इंतजार करना अपेक्षाकृत आसान है लेकिन एक इकाई की स्थापना कहीं ज्यादा कठिन है। इसके लिए प्लॉट/शेड खरीदने, भवन निर्माण करवाने, आंतरिक सज्जा करवाने तथा सही उपकरण एवं मशीनरी चुनने में काफी सूझ-बूझ और मेहनत की जरूरत होती है।

4.3.1 भवन-निर्माण

इकाई के लिए औद्योगिक प्लॉट हासिल करने के तुरंत बाद एक उपयुक्त आर्किटेक्ट (वास्तुविद) की तलाश करनी चाहिए। उद्योग की प्रकृति के हिसाब से ही कारखाने के भवन का डिजाइन भी होना चाहिए। इसमें यह भी ध्यान रखना होगा कि अंदर कौन-सी मशीन कहाँ लगेगी।

यह याद रखना चाहिए कि भवन-निर्माण हेतु ऋण प्राप्त करने के लिए आर्किटेक्ट द्वारा तैयार किए गए भवन-निर्माण के अनुमानित खर्च के दस्तावेज की जरूरत होती है। बाद में फिर आर्किटेक्ट ही भवन-निर्माण में लगे खर्च का प्रमाणपत्र देता है जिसके आधार पर बैंक/वित्तीय संस्थान ऋण का वितरण करते हैं। भवन-निर्माण के बाद उसकी आंतरिक सज्जा भी उद्योग की विशेष जरूरतों के अनुरूप होनी चाहिए।

4.3.2 बिजली-पानी का कनेक्शन लेना

कई तरह की उपयोगी सुविधाएँ उद्योग को चाहिए होती हैं। उनमें बिजली और पानी सबसे महत्त्वपूर्ण है। कई मामलों में देखा गया है कि बिजली कनेक्शन में देरी से संयंत्र की स्थापना में भी देरी हो जाती है। इसके लिए लगातार और समय पर कोशिश करते रहना चाहिए। आम तौर पर बिजली के कनेक्शन दो तरह के होते हैं—लो टेंशन या हाई टेंशन। अगर 75 हॉर्सपावर तक का विद्युत भार है तो लो टेंशन कनेक्शन दिया जाता है और यह भार 130 हॉर्सपावर या अधिक का है तो हाई टेंशन कनेक्शन दिया जाता है।

इसके लिए नियत फार्म पर राज्य बिजली बोर्ड को आवेदन देना होता है। फिर इलेक्ट्रिकल इन्स्पेक्टर आवेदन का मूल्यांकन फैक्टरी स्थल पर जाकर करता है। इसके बाद बिजली भार (लोड) को स्वीकृत किया जाता है। जहाँ बिजली की कमी रहती हो, वहाँ अपना जेनरेटर लगा लेना चाहिए।

पानी का कनेक्शन भी इसी तरह लिया जाता है और इसके लिए भी काफी पहले आवेदन का नियत फार्म भरकर देना चाहिए। अगर पानी की कमी तब भी रहती है तो अपना ट्यूबवेल लगवा लेना चाहिए।

4.3.3 तीन मकारों (थ्री एम) को सँभालें

कामगार (मैन : एम)

प्रोजेक्ट रिपोर्ट में मैनपावर यानी मानवशक्ति तथा कामगारों की आवश्यकता का अनुमान लगाया जाता है। फिर भी कामगारों को योजनाबद्ध तरीके से भरती किया जाना चाहिए। मशीनों की स्थापना के पहले ही इंजीनियरों तथा आपरेटरों आदि की बहाली हो जानी चाहिए।

मशीनरी (मशीनरी : एम)

सही मशीन का चुनाव करने तथा खरीदने के लिए उसका आर्डर देना काफी महत्त्वपूर्ण काम है। कई बार टैक्नोलॉजी या प्रक्रिया की जानकारी देनेवाला भी मशीन के बारे में विस्तार से जानकारी दे देता है। इससे मशीन का चुनाव आसान हो जाता है। अगर इस स्रोत से मशीन के बारे में विस्तृत जानकारी उपलब्ध नहीं हो तो उपलब्ध मशीनों-उपकरणों का तकनीकी-आर्थिक सर्वेक्षण अवश्य करना चाहिए। इंजीनियरी अथवा व्यापार मेले में अच्छे विकल्प मिल जाते हैं।

उद्यमी को चाहिए कि मशीनों-उपकरणों का चुनाव करने से पहले विशेषज्ञों, डीलरों तथा मशीन का उपयोग करनेवालों से परामर्श कर ले। इस मामले में जिला उद्योग केन्द्र, लघु उद्योग सेवा संस्थान तथा राष्ट्रीय लघु उद्योग निगम आदि से भी सलाह ली जा सकती है।

सामग्री (मैटीरियल्स : एम)

लघु उद्योग के शुरुआती दौर में सफलता के लिए सामग्री की खरीद योजना जरूरी होती है। भंडार में अधिक सामग्री जमा हो तो पैसा फँसा रहता है और नकदी की कमी पड़ जाती है। कार्यशील पूँजी इसमें फँस जाती है। दूसरी ओर अगर सामग्री समय पर न मिले तो उत्पादन ठप्प हो जाएगा। मशीन और आदमी दोनों बेकार रहेंगे। कुछ आवश्यक सामग्री आयात करनी पड़ती है जिसके पहुँचने में भी समय लगता है। इन कारणों से सामग्री खरीद योजना जरूरी होती है।

4.3.4 उत्पादन शुरू कीजिए

जब उपर्युक्त तीनों मकार—मैन, मशीन और मैटीरियल—नियंत्रण में आ जाएँ तो उत्पादन शुरू होना चाहिए। और इस तरह कारोबार के वास्तविक क्षेत्र में आपका प्रवेश हो जाएगा।

4.3.5 निगरानी जरूरी है

उत्पादन शुरू होने के बाद निगरानी निरंतर होनी चाहिए तभी इकाई का स्वास्थ्य ठीक रह पाएगा।

इसके लिए निम्नलिखित कदम उठाएँ :

1. बिलों का भुगतान समय पर मिले इसके लिए समुचित तथा सक्षम विपणन (मार्केटिंग) व्यवस्था होनी चाहिए
2. व्यापारिक नियंत्रण सख्ती से हो
3. उत्पादन की सही योजना और नियंत्रण हो
4. वित्तीय नियंत्रण सख्ती से हो
5. गुणवत्ता बनाए रखने के लिए दृढ़ प्रतिबद्धता होनी चाहिए
6. ग्राहक, बैंक तथा कामगारों से अच्छे सम्बन्ध बनाए रखें

अगर इन सुझावों पर ध्यान देकर इन्हें व्यवहार में उतारें तो कोई कारण नहीं कि इकाई में वृद्धि और समृद्धि नहीं आए।

परिशिष्ट - क

संबंधित नियम-कानून

अन्य उद्योगों की भाँति, लघु उद्योग क्षेत्र भी नियम-कानून से नियंत्रित होते हैं। केन्द्र तथा राज्य सरकारों के विकास कार्यक्रम विभिन्न प्रशासनिक विभागों द्वारा लागू किए जाते हैं। ये विभाग लघु निवेशक तथा सरकारी मशीनरी के बीच सक्रिय संबंध स्थापित करते हैं। नियमों द्वारा नियंत्रण का ढाँचा इस प्रकार है :

- श्रम और औद्योगिक कानून
- प्रदूषण एवं पर्यावरण से संबंधित कानून
- स्थानीय निकायों/नगरपालिकाओं के कानून
- भूमि उपयोग कानून
- उद्योग की स्थापना वाले क्षेत्र से संबंधित नीति तथा नियंत्रण
- पंजीकरण योजना/प्रक्रिया

परिक-1 लघु उद्योग परिचय

लघु उद्योग क्षेत्र की परिभाषा उद्योग (विकास एवं विनियमन) अधिनियम 1951 के अधीन दी गई है। इसे प्लांट-मशीनरी (प्रारंभिक-मूल्य) में लगे पूँजी-निवेश की सीमा के संदर्भ में परिभाषित किया गया है। इसमें कई तरह के उद्योग, जैसे अल्प विकसित टैक्नोलॉजी का उपयोग करनेवाले अत्यन्त छोटे और ग्रामीण उद्योग तथा परिष्कृत टैक्नोलॉजी का उपभोग करनेवाले आधुनिक लघु उद्योग भी हैं।

इसके अलावा इस क्षेत्र में कई प्रकार के विशेष उद्योग क्षेत्र हैं। पारंपरिक लघु उद्योग तथा ग्रामीण उद्योग भी हैं। असल में अलग-अलग क्षेत्र का प्रशासनिक विकासात्मक ढाँचा अलग-अलग है। इस ढाँचे को तालिका के रूप में दिया जा रहा है।

उद्योग	एजेंसी	प्रशासनिक विभाग/ मंत्रालय
1. बड़ा/मध्यम उद्योग		औद्योगिक विकास विभाग
2. लघु उद्योग संगठन	लघु उद्योग विकास ग्रामीण उद्योग विभाग	लघु उद्योग, कृषि एवं
3. पावरलूम (बिजली करघा)	टैक्सटाइल कमिश्नर	कपड़ा मंत्रालय
पारंपरिक उद्योग		
4. खादी एवं ग्रामोद्योग	खादी-ग्रामोद्योग आयोग	लघु उद्योग, कृषि एवं ग्रामीण उद्योग विभाग
5. हथकरघा (हथकरघा)	विकास आयुक्त	कपड़ा मंत्रालय
6. रेशम उद्योग	केन्द्रीय सिल्क बोर्ड	कपड़ा मंत्रालय
7. हस्तशिल्प (हस्तशिल्प)	विकास आयुक्त	कपड़ा मंत्रालय
8. नारियल रेशा	क्वाअर बोर्ड	लघु उद्योग, कृषि एवं ग्रामीण उद्योग विभाग

परिक-2 परिभाषाएँ

लघु उद्योग

प्लांट-मशीनरी (प्रारंभिक मूल्य) में निवेश की सीमा 60 लाख रुपए है।

अनुषंगी औद्योगिक उपक्रम

निवेश सीमा 75 लाख रुपए तथा कम से कम 50% उत्पाद की अन्य औद्योगिक उपक्रमों में खपत होनी चाहिए।

निर्यातोन्मुख इकाई

प्लांट-मशीनरी में निवेश की सीमा 75 लाख है और उत्पादन शुरू करने के तीन वर्ष में कुल उत्पाद का कम से कम 30% निर्यात करना पड़ता है।

लघुस्तर का सेवा तथा व्यापार उपक्रम

उद्योग से संबंधित सेवाओं तथा व्यापार उपक्रम जिनमें जमीन एवं भवन को छोड़कर स्थायी परिसम्पत्ति (एसेट) का मूल्य 5 लाख रुपए तक होता है। इसमें स्थल से संबंधित रोक नहीं है।

लघुतम उद्योग

प्लांट-मशीनरी में 5 लाख तक का निवेश, चाहे वह इकाई कहीं भी स्थित हो, उसका स्थल कोई भी हो।

महिला उपक्रम

लघु इकाई जिसमें एक या अधिक महिला उद्यमियों का हिस्सा 51% से कम न हो।

उपरोक्त उपक्षेत्र परिभाषाएँ लघु उद्योग की परिभाषा में ही शामिल हैं। वैसे हर उपक्षेत्र के लिए मुख्य नीतियाँ वही हैं फिर भी उपक्षेत्रों के लिए विशेष रूप से प्रोत्साहन/स्कीम दिए जाते हैं।

एक लघु उद्योग का स्वामी कोई अन्य औद्योगिक उपक्रम नहीं हो सकता, न ही उसे नियंत्रित कर सकता या उसे अपनी शाखा बना सकता है।

निवेश सीमा के संदर्भ में लघु उद्योग की परिभाषा में समय के साथ ये बदलाव आए हैं :

वर्ष	निवेश सीमा	अन्य शर्तें
1950	नियत परिसंपत्तियों में 5 लाख रुपए तक	बिजली/बिजलीरहित इकाइयों में 50/100 से कम कामगार
1960	नियत परिसम्पत्तियों में 5 लाख रुपए तक	कोई शर्त नहीं
1966	प्लांट-मशीनरी में 7.5 लाख रुपए तक	कोई शर्त नहीं
1970	प्लांट-मशीनरी में 10 लाख रुपए तक	कोई शर्त नहीं
1980	प्लांट-मशीनरी में 20 लाख रुपए तक	कोई शर्त नहीं
1985	प्लांट-मशीनरी में 35 लाख रुपए तक	कोई शर्त नहीं
1991	प्लांट-मशीनरी में 60 लाख रुपए तक	कोई शर्त नहीं

परिक-3 लघु उद्योग क्षेत्र की विशेषताएँ

जैसा कि पहले भी कहा गया है कि लघु उद्योग क्षेत्र समग्र उद्योग क्षेत्र का एक काफी बड़ा हिस्सा है। लघु उद्योग में दो मुख्य उपक्षेत्र हैं–लघुतम उद्योग तथा आधुनिक लघु उद्योग।

1. व्यापक विविधता

आकार, रोजगार, टैक्नोलॉजी तथा उत्पाद की विशाल विविधता लघु उद्योग क्षेत्र में भी मौजूद है। इस क्षेत्र में लगभग 7500 उत्पाद बनते हैं।

2. लघुतम उद्योग

लघु उद्योग की करीब 96% इकाइयाँ लघुतम उद्योग की श्रेणी में हैं। यह क्षेत्र कुल के लगभग 58.6 प्रतिशत का उत्पादन करता है तथा 79.4% रोजगार देता है। इसकी विशेषताएँ निम्नलिखित हैं :

- अधिक रोजगार
- ग्रामीण तथा पिछड़े क्षेत्रों में स्थापित होने का आग्रह
- बिजली की कम खपत
- टैक्नोलॉजी का कम इस्तेमाल
- स्थानीय संसाधनों पर आधारित
- स्थानीय कार्यकुशलता पर आधारित

तालिका परिक-1 में लघुतम उद्योगों में अधिक रोजगार के लिए अनुकूलता को दर्शाया गया है :

तालिका परिक-1

नियत निवेश सीमा (लाख रुपए)	नियत पूँजी (लाख रुपए)	%	रोजगार संख्या	%	एक लाख के निवेश पर रोजगार संख्या
0-5	44142	47.49	2613738	71.3	5.9
5 और उससे ऊपर	488161	42.51	1052072	28.7	2.1

स्रोत : दूसरी अखिल भारतीय लघु उद्योग गणना
आधार वर्ष : 1987-88

इस तरह हम देखते हैं कि लघुतम उद्योगों में स्थायी संसाधन तथा कुशलता का उपयोग करने की जबर्दस्त क्षमता है। वे स्थानीय जरूरतों का भी ध्यान रखते हैं तथा रोजगार के अवसर भी खूब पैदा करते हैं। इसके बावजूद उनमें कुछ कमियाँ तो हैं ही जिनके चलते वे नुकसान उठाते हैं :

- कमजोर पूँजीगत आधार
- बुनियादी सुविधाओं की कमी
- उद्यमी कुशलता तथा प्रशिक्षण की कमी
- उचित टैक्नोलॉजी तक कम पहुँच
- विपणन की समस्याएँ
- पर्याप्त ऋण का न मिल पाना

3. आधुनिक लघु उद्योग इकाइयाँ

संख्या की दृष्टि से देखें तो यह उपक्षेत्र पूरे लघु उद्योग क्षेत्र का मात्र 4% है। लेकिन उत्पादन, मूल्य आवर्धन (वैल्यू एडेड) तथा निर्यात में इसका योगदान महत्त्वपूर्ण है। आधुनिक लघु इकाइयाँ टैक्नोलॉजी के उपयोग, रोजगार तथा स्थल की दृष्टि से मँझोले उद्योग जैसी ही हैं। इनमें महानगरों, बड़े कस्बों अथवा घने उद्योगों वाले इलाके में फैलने की प्रवृत्ति देखी गई है।

परिक-4 दूसरी अखिल भारतीय लघु उद्योग गणना

दूसरी अखिल भारतीय लघु उद्योग गणना पंजीकृत इकाइयों पर तथा 1987-88 को आधार वर्ष मानकर की गई थी। इसमें 9.87 लाख इकाइयाँ थीं। इनमें से चालू इकाइयाँ 5.82 लाख थीं जिनके आँकड़ों का विश्लेषण किया गया। इस विश्लेषण का आर्थिक सार निम्नलिखित है :

विवरण	अनुपात
उत्पादन/स्थायी परिसम्पत्ति में निवेश	4.62
कुल मूल्य आवर्धन/स्थायी परिसम्पत्ति में निवेश	1.10
रोजगार/परिसम्पत्ति में निवेश प्रति लाख	3.94
मूल पूँजी में मूल्य आवर्धन/रोजगार (रु. में) 1987-89	27991 (मूल्य आधार वर्ष 87-88)

लघु उद्योग में फैक्टरी/गैर-फैक्टरी के लिए मुख्य आर्थिक संकेतकों की तुलना निम्नवत् है :

तालिका परिक-2

पंजीकृत लघु उद्योग में फैक्टरी तथा गैर-फैक्टरी के संदर्भ में महत्त्वपूर्ण अनुपात तथा निष्पादन के मानदंड

क्रम सं.	सूचना की मद	फैक्टरी अधिनियम में पंजीकृत इकाइयाँ	गैर-पंजीकृत इकाइयाँ
1.	उत्पादन का मूल्य (लाख रुपए में)	1913339	2383210
2.	रोजगार (संख्या में)	1104832	2560978
3.	स्थायी परिसम्पत्तियों में निवेश (लाख रुपए में)	303272	626330
4.	शुद्ध मूल्य आवर्धन (लाख रुपए में) (नेट वैल्यू एडेड)	459821	566264
5.	सकल मूल्य आवर्धन (लाख रुपए में)	461671	613250
6.	उत्पादन/स्थायी परिसम्पत्तियों में निवेश	6.31	3.62
7.	उत्पादन/रोजगार (प्रति हजार रु./संख्या)	173	93
8.	सकल आवर्धित मूल्य/स्थायी परिसम्पत्ति में निवेश	1.62	0.98
9.	सकल आवर्धित मूल्य/रोजगार (प्रति हजार रु./संख्या)	45	24
10.	शुद्ध आवर्धित मूल्य/स्थायी परिसम्पत्ति में निवेश	1.52	0.90
11.	शुद्ध आवर्धित मूल्य/रोजगार (प्रति हजार रु./संख्या)	42	22
12.	रोजगार/स्थायी परिसम्पत्ति में निवेश (संख्या/प्रति लाख रुपए)	3.64	4.09

परिशिष्ट - ख

संबंधित कानून

एक उद्यमी अथवा लघु उद्योग के मालिक को उन कानूनी बातों की जानकारी होनी चाहिए जिनसे वह संबंधित है। स्वामित्व और प्रचारित लघु उद्योग इकाइयों पर लागू होनेवाले मूल अधिनियमों की एक प्रति प्रत्येक के पास होनी चाहिए। महत्त्वपूर्ण अधिनियमों की व्यापक विषयवस्तु के साथ कुछ मार्गदर्शी सिद्धांतों का सारांश इस परिशिष्ट में दिया गया है।

परिख-1 उद्योग (विकास एवं विनियम) अधिनियम 1951

मुख्य विशेषताएँ

भारत सरकार का यह केन्द्रीय अधिनियम है जो लघु उद्योगों के विकास और विनियमन के लिए प्रावधान करता है। इस अधिनियम के अधीन उद्योगों के लाइसेंसीकरण की नीति निर्धारित होती है। जहाँ तक लघु उद्योगों का संबंध है :

- धारा 11-ख निम्न कारकों को ध्यान में रखते हुए लघु उद्योगों की परिभाषा विनिर्दिष्ट करने की शक्ति प्रदान करती है।
  - स्थायी परिसम्पत्तियों में इकाई का निवेश
  - स्वामित्व की प्रकृति
  - नियोजित कामगारों की न्यूनतम संख्या
  - उत्पाद की प्रकृति, लागत और गुणवत्ता इत्यादि
- धारा 29-ख केवल लघु उद्योग क्षेत्र में उत्पादन के लिए उत्पादों के आरक्षण का प्रावधान करती है।

परिख-2 फैक्टरी अधिनियम-1948

उद्देश्य

- फैक्टरी में नियोजित कामगारों के स्वास्थ्य एवं कल्याण को बढ़ावा देना तथा पर्याप्त सुरक्षा के उपाय सुनिश्चित करना
- फैक्टरी के बनने से पूर्व प्लान के अनुमोदन से संबंधित प्रावधानों के माध्यम से अव्यवस्थित विकास को रोकना।

कार्यक्षेत्र और परिव्याप्ति

- फैक्टरी में कार्य-स्थिति को विनियमित करता है
- कामगारों की सुरक्षा एवं कल्याण को सुनिश्चित करने के लिए मूल न्यूनतम आवश्यकताएँ
- सभी कामगारों पर लागू
- बिजली का प्रयोग करनेवाली, पिछले 12 महीनों में किसी भी दिन 10 या ज्यादा कामगारों से काम लेनेवाली तथा बिजली का प्रयोग न करनेवाली और 20 या ज्यादा कामगारों से काम लेनेवाली सभी फैक्टरियों पर लागू

मुख्य प्रावधान

- फैक्टरियों का आवश्यक अनुमोदन, लाइसेंस एवं पंजीकरण
- स्वास्थ्य-उपाय
- सुरक्षा-उपाय
- कल्याण-उपाय
- कार्य-घंटे
- महिलाओं और युवाओं को रोजगार
- वार्षिक अवकाश प्रावधान
- दुर्घटना एवं व्यवसाय से होनेवाली बीमारी
- खतरनाक संचालन
- दण्ड
- कर्मचारियों के अधिकार तथा कर्तव्य

फैक्टरी अधिनियम–संदर्भ एवं परामर्श कब लें

- फैक्टरी शुरू करते समय
- जब तक फैक्टरी है

परिख-3 औद्योगिक विवाद अधिनियम, 1947

उद्देश्य

- विवादों के शांतिपूर्ण समाधान के लिए तंत्र प्रदान करना और नियोक्ता एवं कामगारों के मध्य सौहार्दपूर्ण संबंधों को बढ़ावा देना

कार्यक्षेत्र और परिव्याप्ति

- सभी औद्योगिक तथा वाणिज्यिक स्थापनाओं पर लागू

- 1600 रुपए प्रतिमाह तक वेतन प्राप्त करनेवाले सभी कामगारों एवं पर्यवेक्षकों पर लागू
- प्रबंधकीय और प्रशासकीय क्षमताओं में नियोजित व्यक्तियों पर लागू नहीं

मुख्य प्रावधान

- उद्योग, औद्योगिक विवाद, कामबंदी, तालाबंदी, छँटनी, ट्रेड यूनियन, कामगार इत्यादि को परिभाषित करता है
- कार्य समितियों, सुलह अधिकारियों, सुलह बोर्डों, जाँच न्यायालयों, श्रम न्यायालयों, अधिकरणों और स्वैच्छिक माध्यमस्थ (विवेचन) इत्यादि के माध्यम से विवादों की जाँच और समाधान हेतु मशीनरी प्रदान करता है
- न्याय निर्णय हेतु विवादों को सौंपना
- श्रम न्यायालयों में लम्बित कार्यवाही से संबंधित कामगारों को मजदूरी का भुगतान
- श्रम न्यायालयों एवं अधिकरणों के निर्णय
- उच्च न्यायालय में विचाराधीन मामले पर कार्यवाही के दौरान कामगारों को मजदूरी का भुगतान
- अपील का अधिकार
- बाह्य सुलह से समझौता
- रोजगार स्थितियों के परिवर्तन पर ध्यान देना
- कार्यवाही के विलम्बन के दौरान कामगारों को संरक्षण
- हड़ताल और तालाबंदी क्षतिपूर्ति
- छँटनी हेतु कार्यवाही
- उपक्रमों के स्थानान्तरण के मामले में कामगारों को क्षतिपूर्ति
- बंद होने की प्रक्रिया
- बन्द उपक्रमों को पुनः खोलना
- अनुचित श्रमिक व्यवहार
- नियोक्ता के अधिकार एवं कर्तव्य
- नियोक्ता से बकाया धन की वसूली
- दण्ड
- कर्मचारियों के अधिकार एवं कर्तव्य

औद्योगिक विवाद अधिनियम–संदर्भ और परामर्श कब लें

- जब कामगारों की यूनियन के साथ कोई विवाद हो
- जब आप रोजगार स्थिति में परिवर्तन की योजना बनाते हैं

- जब हड़ताल हो
- जब तालाबंदी हो
- जब कामगारों की छँटनी हो
- जब उपक्रम को स्थानांतरित किया जा रहा हो
- एक स्थापना को बंद करते समय
- स्थापना को पुनः खोलते समय

परिख-4 औद्योगिक स्थापना (स्थायी आदेश) अधिनियम 1946

उद्देश्य

- औद्योगिक उपक्रमों और स्थापनाओं में नियोजित कामगारों की भरती, कार्य-मुक्ति, अनुशासकीय कार्रवाई, अवकाश इत्यादि की शर्तें विनियमित करना

औद्योगिक स्थापना अधिनियम–कार्यक्षेत्र और परिव्याप्ति

- उन औद्योगिक स्थापनाओं पर लागू है, जिनमें 50 अथवा अधिक कामगार नियोजित हैं अथवा पूर्ववर्ती 12 महीनों में नियोजित रहे हों।
- उत्तरप्रदेश और बंगाल के मामलों की तरह केन्द्र/राज्य सरकारें इस अधिनियम को 50 से कम व्यक्तियों को नियोजित करनेवाली स्थापनाओं पर भी लागू कर सकती हैं।
- असम में यह अधिनियम 18 अथवा उससे अधिक कामगारों को नियोजित करनेवाले प्रतिष्ठानों पर लागू है

औद्योगिक स्थापना अधिनियम–मुख्य प्रावधान

- स्थायी आदेशों का मसौदा प्रस्तुत करना
- स्थायी आदेशों का प्रमाणन
- स्थायी आदेशों का पंजीकरण
- स्थायी आदेशों का आशोधन
- अधिनियम में संशोधन
- दण्ड
- नियोक्ता के अधिकार एवं कर्तव्य
- कर्मचारियों के अधिकार और कर्तव्य

औद्योगिक स्थापना अधिनियम–संदर्भ और परामर्श कब लें

- अधिनियम के प्रावधानों में आनेवाले प्रतिष्ठान के विस्तार के समय जब

कामगारों की संख्या बढ़ जाए

- स्थायी आदेशों को जब संशोधित करना हो

परिख-5 न्यूनतम मजदूरी अधिनियम, 1948

उद्देश्य

- उद्योग और व्यापार में न्यूनतम मजदूरी का निर्धारण करना ताकि मजदूरी करनेवाले का शोषण मनमाने जुर्माने तथा कटौती के जरिये न हो

कार्यक्षेत्र और परिव्याप्ति

- बाह्य श्रमिकों सहित एक अनुसूचित रोजगार में नियोजित कुशल, अकुशल, हस्त कारीगर और लिपिक, किसी भी कार्य से जुड़े सभी कर्मचारियों पर लागू
- न्यूनतम मजदूरी को नियत करना

न्यूनतम मजदूरी अधिनियम–मुख्य प्रावधान

- कर्मचारियों की न्यूनतम मजदूरी को नियत करना
- न्यूनतम मजदूरी को नियत और संशोधित करने की प्रक्रिया
- कर्मचारियों के कर्तव्य
- कामगारों के अधिकार

न्यूनतम मजदूरी अधिनियम–संदर्भ एवं परामर्श कब लें

- नए और मौजूदा कर्मचारियों की मजदूरी को नियत करते समय

परिख-6 मजदूरी भुगतान अधिनियम, 1936

उद्देश्य

- मजदूरी के नियमित और तुरंत भुगतान को सुनिश्चित करना और दिहाड़ी मजदूरों पर मनमाने जुर्माने और उनकी मजदूरी में कटौती को रोककर उन्हें शोषण से बचाना

कार्यक्षेत्र और परिव्याप्ति

- किसी फैक्टरी में नियोजित व्यक्तियों की मजदूरी के भुगतान हेतु लागू

- 1600 रुपए प्रतिमाह या उससे अधिक औसतन मजदूरी वालों पर लागू नहीं
- मजदूरी में पारिश्रमिक, बोनस, सेवा समाप्ति के समय देय राशि सभी सम्मिलित हैं, किन्तु मकान किराया प्रतिपूर्ति, छोटे वाहन प्रभार, चिकित्सा व्यय, टी.ए. इत्यादि सम्मिलित नहीं हैं।

मुख्य प्रावधान

- मजदूरी के भुगतान और मजदूरी अवधि को तय करने की नियोक्ता की जिम्मेदारी
- मजदूरी भुगतान में समयावधि एवं प्रक्रिया की जिम्मेदारी
- कार्यमुक्त कामगारों की मजदूरी का भुगतान
- मजदूरी से अनुमेय कटौतियाँ
- कामगारों द्वारा किए जानेवाले नामांकन
- अधिनियम के उल्लंघन पर दंड
- पुरुषों और महिलाओं के लिए समान पारिश्रमिक
- नियोक्ता के अधिकार एवं कर्तव्य
- कर्मचारी के अधिकार एवं कर्तव्य

मजदूरी भुगतान अधिनियम का संदर्भ एवं परामर्श कब लें

- हर बार मजदूरी और वेतन का निर्णय करते समय

परिख-7 कर्मचारी भविष्य निधि अधिनियम, 1952

उद्देश्य

- औद्योगिक कामगार की सेवा-निवृत्ति या उसकी मृत्यु की स्थिति में उसके आश्रितों के भविष्य के लिए प्रावधान करना

कार्यक्षेत्र और परिव्याप्ति

- 20 अथवा उससे अधिक व्यक्तियों को नियोजित करनेवाली फैक्टरियों और स्थापनाओं पर लागू
- इसे केन्द्र सरकार 20 से कम कर्मचारियों वाली स्थापना पर लागू कर सकती है, यदि अधिकतर कर्मचारी सहमत हों तो
- ठेकेदारों के माध्यम से प्रत्यक्ष रूप से किसी भी तरह के कार्य में नियोजित सभी व्यक्तियों पर लागू

मुख्य प्रावधान

- कर्मचारी भविष्य निधि योजना को विनिर्दिष्ट करता है।
- कर्मचारियों और नियोक्ताओं के अंशदान की दर को विनिर्दिष्ट करता है। विभिन्न उद्योगों में यह दर 8.33% से 10% के बीच भिन्न-भिन्न होती है।
- मूल वेतन और महँगाई भत्ते का 0.37% प्रशासकीय प्रभारों और अंशदान के भुगतान हेतु नियोक्ताओं के कर्तव्यों को विनिर्दिष्ट करता है।
- अन्य ऋणों की तुलना में अंशदान के भुगतान के लिए प्राथमिकता प्रदान करता है।
- निधि के अंशदान के उत्तरदायित्व के कारण मजदूरी अथवा अन्य लाभों में कटौती को रोकता है।
- निधि के निवेश के लिए अभिकरणों को निर्धारित करता है।
- अप्रतिदेय अग्रिमों को विनिर्दिष्ट करता है।
- सदस्यता से छूट हेतु नियम
- रिकार्ड और लेखों का रख-रखाव
- नामांकन नियम
- भुगतान नियम
- वार्षिक विवरण
- नियोक्ता के अधिकार एवं कर्तव्य
- कर्मचारियों के अधिकार एवं कर्तव्य

कर्मचारी भविष्य निधि योजना : संदर्भ एवं परामर्श कब लें

- जब कर्मचारियों (स्थायी अथवा दिहाड़ी) की संख्या 20 या उससे अधिक हो जाए।

परिख-8 उपदान भुगतान अधिनियम, 1972

उद्देश्य

- औद्योगिक और वाणिज्यिक प्रतिष्ठानों में नियोजित व्यक्तियों को कुछ संरक्षण प्रदान करने के लिए एक सामाजिक सुरक्षा उपाय

कार्यक्षेत्र और परिव्याप्ति

- पूरे भारत में 10 अथवा अधिक व्यक्तियों को नियोजित करनेवाले सभी प्रतिष्ठानों पर लागू

- इसके अन्तर्गत एक बार आ जानेवाले दुकान/प्रतिष्ठान इसके तहत बने रहेंगे, चाहे बाद में इनमें 10 से कम व्यक्ति नियोजित हों
- 2500 रुपए प्रतिमाह तक मजदूरी वाले सभी कर्मचारियों पर लागू

मुख्य प्रावधान

- सेवा-समाप्ति, चाहे वह मृत्यु, अपंगता, त्यागपत्र, सेवा-निवृत्ति अथवा छँटनी के कारण हो, के समय तक लगभग पाँच वर्षों की सेवा करनेवाले सभी कर्मचारियों को उपदान देय है।
- प्रत्येक नियोक्ता को प्रत्येक सेवा वर्ष हेतु 15 दिन की मजदूरी अथवा 6 महीने से अधिक में उसके हिस्से की दर से भुगतान करना होता है।
- भुगतान किए जानेवाले उपदान की अधिकतम सीमा निर्धारित करता है।
- अवकाश समय और उपदान से कटौती के लिए शर्तें विनिर्दिष्ट करता है।
- उपदान के भुगतान का नामांकन
- कर्मचारियों के अधिकार और कर्तव्य
- नियोक्ताओं के अधिकार और कर्तव्य

उपदान भुगतान अधिनियम : संदर्भ एवं परामर्श कब लें

- जब प्रतिष्ठान में कर्मचारियों की संख्या 10 से अधिक हो
- किसी भी कारण से कर्मचारियों की सेवा समाप्त करते समय

परिख-9 कर्मचारी क्षतिपूर्ति अधिनियम, 1923

उद्देश्य

- रोजगार की अवधि के दौरान दुर्घटना अथवा व्यवसाय संबंधी बीमारी के लिए कामगारों को क्षतिपूर्ति अदा करने का दायित्व नियोक्ताओं पर डालना

कार्यक्षेत्र और परिव्याप्ति

- भारत भर की सभी फैक्टरियों, खानों, बागानों, परिवहन, निर्माण कार्यों, जोखिम वाले व्यवसायों पर लागू
- कर्मचारी राज्य बीमा अधिनियम के अधीन प्रतिष्ठानों पर लागू नहीं
- अपने नियोक्ताओं के व्यापार और व्यवसाय के लिए नियोजित कामगारों और अस्थायी कामगारों पर लागू नहीं
- सरकार इसे किसी भी ऐसे जनसमुदाय पर लागू कर सकती है जिनके

व्यवसायों को सरकार खतरनाक या जोखिम वाला समझती हो।

मुख्य प्रावधान

- परिस्थितियाँ जब क्षतिपूर्ति अदा की जानी है
- क्षतिपूर्ति अदायगी का समय और प्रक्रिया
- नियोक्ता के अधिकार एवं कर्तव्य
- अपील हेतु प्रावधान
- कर्मचारियों के अधिकार एवं कर्तव्य
- क्षतिपूर्ति आयोग की भूमिका

इसका संदर्भ और परामर्श कब लें

- प्रतिष्ठान में सुरक्षा प्रावधान करते समय
- जब किसी कामगार को चोट लग जाए अथवा उसकी मृत्यु हो जाए अथवा व्यावसायिक बीमारी हो जाए

परिख-10 कर्मचारी राज्य बीमा निगम, 1948

उद्देश्य

- बीमारी, प्रसूति और कार्यस्थल पर काम करते समय चोट लग जाने की स्थिति में कर्मचारियों को नकद लाभ प्रदान करना तथा कतिपय अन्य संबंधित मामलों के लिए प्रावधान करना

कार्यक्षेत्र एवं परिव्याप्ति

- व्यापक श्रेणी की स्थापनाओं में 1600 रुपए प्रतिमाह तक मजदूरी आहरित करनेवाले कर्मचारियों पर लागू
- आश्रितों को चिकित्सा लाभ एवं पेंशन दी जाती है यदि कामगार की मृत्यु रोजगार संबंधी चोट से हो

मुख्य प्रावधान

- रुग्णता लाभ, प्रसूति लाभ, अपंगता लाभ, चिकित्सा लाभ, आश्रित व्यक्ति लाभ, अंत्येष्टि लाभ जैसे विभिन्न लाभों का प्रावधान करता है।
- नियत धनराशि से कम मजदूरी प्राप्त करनेवाले कर्मचारियों को मुफ्त चिकित्सा सहायता, अन्यों के मामले में कर्मचारियों और नियोक्ताओं दोनों

का अंशदान

- कर्मचारी का हिस्सा उसकी मजदूरी में से काटा जाता है
- सरकार अंशदान की दर निर्धारित एवं संशोधित कर सकती है
- निर्धारित मानक लाभ दरें जो संशोधित हो सकती हैं
- अधिनियम के अधीन स्थापित अस्पतालों में स्वीकार्य चिकित्सा सेवाएँ
- अधिनियम के उल्लंघन पर दण्ड
- कर्मचारियों के अधिकार एवं कर्तव्य
- नियोक्ता के अधिकार एवं कर्तव्य

संदर्भ और परामर्श कब लें

- जब बिजली और बिजलीरहित इकाइयों में कर्मचारियों की संख्या क्रमशः 10 और 20 से अधिक हो जाए
- जब कामगारों की मासिक मजदूरी 1600 रुपए से अधिक हो

परिख-11 बोनस अदायगी अधिनियम, 1985

उद्देश्य

- लाभ अथवा उत्पादकता के आधार पर कतिपय स्थापनाओं में नियोजित व्यक्तियों को बोनस भुगतान के लिए सांविधिक बाध्यता का प्रावधान करना

कार्यक्षेत्र और परिव्याप्ति

- पूरे भारत में फैक्टरी अधिनियम और वर्ष के दौरान किसी भी दिन 20 अथवा इससे अधिक व्यक्तियों को नियोजित करनेवाले अन्य प्रतिष्ठानों पर लागू
- सरकार इसका विस्तार 10 से 20 कामगारों को नियोजित करनेवाले प्रतिष्ठानों तक कर सकती है।
- 2500 रुपए प्रतिमाह तक के वेतन अथवा मजदूरी पर नियोजित पर्यवेक्षक, प्रबंधक, प्रशासक, तकनीकी और लिपिकीय कर्मियों सहित सभी कामगार इसमें सम्मिलित हैं।

मुख्य प्रावधान

- बोनस के लिए पात्रता
- न्यूनतम और अधिकतम बोनस का भुगतान

- बोनस की अदायगी की समय-सीमा
- बोनस में कटौती
- समस्त लाभ का अभिकलन और उपलब्ध आबंटनीय अधिशेष
- नियोक्ताओं के अधिकार और कर्तव्य
- कर्मचारियों के अधिकार एवं कर्तव्य

संदर्भ और परामर्श कब लें

- जब फैक्टरी अधिनियम के अधीन फैक्टरी पंजीकृत हो
- जब किसी फैक्टरी में कर्मचारियों की संख्या 20 या उससे ज्यादा हो जाए
- जब बोनस का हिसाब लगाना हो

परिख-12 दुकान एवं प्रतिष्ठान अधिनियम

उद्देश्य

- रोजगार के असंगठित क्षेत्र अर्थात् दुकान और प्रतिष्ठानों में नियोक्ताओं और कामगारों को संवैधानिक कर्तव्य और अधिकार प्रदान करना

कार्यक्षेत्र और परिव्याप्ति

- एक राज्य विधान; प्रत्येक राज्य के अपने नियम हैं।
- नियोक्ता के परिवार के सदस्यों के अतिरिक्त मजदूरी अथवा मजदूरीरहित एक प्रतिष्ठान में नियोजित सभी व्यक्तियों पर लागू
- राज्य सरकार, किसी भी प्रतिष्ठान को इस अधिनियम के सभी या किसी भी प्रावधान से स्थायी या विनिर्दिष्ट अवधि तक की छूट दे सकती है।

मुख्य प्रावधान

- कार्य आरम्भ होने के 30 दिनों के अंदर दुकान/प्रतिष्ठान का अनिवार्य पंजीकरण
- प्रतिष्ठान के बंद होने के 15 दिन के भीतर इसकी सूचना
- प्रति दिवस/सप्ताह कार्य के घण्टे तय करना
- समय-विस्तार, अवकाश अंतराल, खुलने और बंद होने का समय, अवकाश दिवस, राष्ट्रीय और धार्मिक अवकाश, समयोपरि कार्य के लिए मार्गदर्शी सिद्धांत निर्धारित करना
- बालकों, युवाओं और महिलाओं के रोजगार हेतु नियम

- वार्षिक अवकाश, प्रसूति अवकाश, बीमारी और आकस्मिक अवकाश इत्यादि हेतु नियम
- रोजगार एवं सेवा-निवृत्ति के नियम
- रिकार्डों और रजिस्टरों का रख-रखाव और नोटिसों को प्रदर्शित करना।
- नियोक्ताओं के कर्तव्य
- कर्मचारियों के कर्तव्य

संदर्भ और परामर्श कब लें

- उद्यम आरम्भ करते समय
- कार्मिक नीतियाँ और नियम बनाते समय

परिख-13 ट्रेड यूनियन अधिनियम, 1926

उद्देश्य

- पंजीकृत ट्रेड यूनियन को एक विधिक और निगमित स्थिति प्रदान करना।

कार्यक्षेत्र और परिव्याप्ति

- कामगारों की यूनियन और नियोक्ता संघों पर लागू
- समग्र भारत में लागू
- एक केन्द्रीय विधान परन्तु राज्य सरकारों द्वारा प्रशासित और प्रवर्तित

मुख्य प्रावधान

- ट्रेड यूनियन को परिभाषित करता है
- प्रतिष्ठान के 7 या 9 कामगारों द्वारा यूनियन के नियमों की प्रति, पदधारियों के नाम और पता की सूची के साथ आवेदन करने पर ट्रेड यूनियन का पंजीकरण
- ट्रेड यूनियनों को भंग या रद्द करना
- पंजीकृत ट्रेड यूनियनों के दायित्व
- पंजीकृत ट्रेड यूनियनों के अधिकार

संदर्भ और परामर्श कब लें

- उद्यम आरम्भ करते समय
- उद्यम के चलने के दौरान

परिख-14 जल (प्रदूषण नियंत्रण एवं रोकथाम) अधिनियम, 1974

कार्यक्षेत्र और परिव्याप्ति

- जल और भूमि पर निस्सारी प्रवाहित करनेवाले सभी प्रतिष्ठानों पर लागू

मुख्य प्रावधान

- सहमति की प्रक्रिया
- मानक निर्धारित करना
- नमूने का संग्रहण और विश्लेषण
- दण्ड प्रावधान

संदर्भ और परामर्श कब लें

- प्रदूषण नियंत्रण आवश्यकताओं पर परियोजना रिपोर्ट बनाते समय
- सदैव भूमि और जल में नस्सारण (डिस्चार्ज) की व्यवस्था करते समय

परिख-15 वायु (प्रदूषण नियंत्रण एवं रोकथाम) अधिनियम, 1981

कार्यक्षेत्र और परिव्याप्ति

- सभी उद्योगों पर लागू

मुख्य प्रावधान

- वायु प्रदूषण नियंत्रण क्षेत्र घोषित करना
- मानक निर्धारित करना
- सहमति की प्रक्रिया
- दण्ड प्रावधान

संदर्भ और परामर्श कब लें

- हर बार प्रदूषण नियंत्रण की आवश्यकताओं की परियोजना रिपोर्ट बनाते समय
- हमेशा मानकों के भीतर वायु में निस्सारण की व्यवस्था करते समय

परिशिष्ट - ग

विकास आयुक्त (लघु उद्योग) से जुड़े विकास एवं टैक्नोलॉजी संस्थानों की सूची

मुख्य कार्य

लघु उद्योगों को तकनीकी सहायता, सहायता सेवाएँ, सूचना सेवाएँ, परामर्श, कार्यशाला सुविधाएँ, प्रशिक्षण आदि प्रदान करना

1. **अंडमान और निकोबार द्वीपसमूह**
स्माल इंडस्ट्रीज़ सर्विस इंस्टिट्यूट (ब्रांच),
पोर्ट ब्लेयर

2. **असम**
स्माल इंडस्ट्रीज़ सर्विस इंस्टिट्यूट,
इंडस्ट्रियल इस्टेट बामूनीमैदान, गुवाहाटी-781021
एस.टी.डी.–031–31152, टेलेक्स-235-2379
ए.एस.ई.एक्स.आई.एन.

3. **आंध्रप्रदेश**
स्माल इंडस्ट्रीज़ सर्विस इंस्टिट्यूट,
नरसापुर क्रॉस रोड, बाला नगर, हैदराबाद–560037
एस.टी.डी. 0842–278131, टेलेक्स 425-6628
ए.पी.एस.एक्स.,

4. **अरुणाचल प्रदेश**
स्माल इंडस्ट्रीज़ सर्विस इंस्टिट्यूट (ब्रांच),
आर.के. मिशन हॉस्पीटल, इटानगर–791113

5. **बिहार**
स्माल इंडस्ट्रीज़ सर्विस इंस्टिट्यूट, इंडस्ट्रियल इस्टेट,
पटना–800013, एस.टी.डी-0612-62208

6. **बिहार (मुजफ्फरपुर)**
स्माल इंडस्ट्रीज़ सर्विस इंस्टिट्यूट, बेला इन्डस्ट्रियल इस्टेट,

पी.ओ. आर.के. आश्रम,
मुजफ्फरपुर, एस.टी.डी.-0621-242486

7. **बिहार (राँची)**
स्माल इंडस्ट्रीज़ सर्विस इंस्टिट्यूट, इंडस्ट्रियल इस्टेट,
कोकर, राँची

8. **दिल्ली**
स्माल इंडस्ट्रीज़ सर्विस इंस्टिट्यूट, ऑपोजिट ओखला
इंडस्ट्रियल इस्टेट, नई दिल्ली-110020, एस.टी.डी.-011-6847223
टेलेक्स-3175424 एस.आई.एस.आई. आई.एन

9. **दादर और नागर हवेली**
स्माल इंडस्ट्रीज़ सर्विस इंस्टिट्यूट (ब्रांच)
मसूत, इंडस्ट्रियल इस्टेट, सिलवसा–396230

10 **गोवा**
स्माल इंडस्ट्रीज़ सर्विस इंस्टिट्यूट, औधी मापरी बिल्डिंग,
पी.ओ. बॉक्स नं.-334, मारगाओ, पणजी-403601,
एस.टी.डी.-0832-22438

11. **गुजरात**
स्माल इंडस्ट्रीज़ सर्विस इंस्टिट्यूट, हर्षिद्ध चैम्बर्स,
चौथी मंजिल, आश्रम रोड, अहमदाबाद–380014
एस.टी.डी.–0272-447147, टेलेक्स–0121-6314
जी.यू.ई.एक्स. आई.एन

12. **हिमाचलप्रदेश**
स्माल इंडस्ट्रीज़ सर्विस इंस्टिट्यूट, जनक कुटी,
चंबाघाट, सोलन–178218, एस.टी.डी.-01792-2265

13. **हरियाणा**
स्माल इंडस्ट्रीज़ सर्विस इंस्टिट्यूट,
एस.सी.एफ. 137-138,
अर्बन इस्टेट, सेक्टर-13, करनाल-132001
एस.टी.डी.–0814-23665

14. जम्मू और कश्मीर

स्माल इंडस्ट्रीज़ सर्विस इंस्टिट्यूट, 181, करन नगर
श्रीनगर-190010, एस.टी.डी.-0194-31077

15. कर्नाटक

स्माल इंडस्ट्रीज़ सर्विस इंस्टिट्यूट, राजाजी नगर,
बंगलूर—560044, एस.टी.डी-0812-351581,
टेलेक्स—845-2328

16. केरल

स्माल इंडस्ट्रीज़ सर्विस इंस्टिट्यूट, कंजनी रोड,
कृष्ण विहार, पी.ओ. अयानतोले, त्रिचूर—680003,
एस.टी.डी.-0431-20638, टेलेक्स-0887-214-
एस.आई.ए.डी.आई.एन.

17. मध्यप्रदेश

स्माल इंडस्ट्रीज़ सर्विस इंस्टिट्यूट, 10, इंडस्ट्रियल इस्टेट,
पोलोग्राउंड, इंदौर—452003, एस.टी.डी.—0731-33303,
टेलेक्स—0735-209-एस.आई.एम.पी.आई.एन

18. महाराष्ट्र

स्माल इंडस्ट्रीज़ सर्विस इंस्टिट्यूट, कुर्ला अँधेरी रोड,
साकी नाका, मुम्बई-400072, एस.टी.डी.-022-6367090,
टेलेक्स—011-79006-एम.एस.सी.एक्स.

19. महाराष्ट्र (नागपुर)

स्माल इंडस्ट्रीज़ सर्विस इंस्टिट्यूट, सदर,
नागपुर-435007, एस.टी.डी.-0712-533352

20. मिजोरम

स्माल इंडस्ट्रीज़ सर्विस इंस्टिट्यूट, केलिश हाउस
रिपब्लिक वेंग, आइजोल-1 एस.टी.डी.—0364

21. मणिपुर

स्माल इंडस्ट्रीज़ सर्विस इंस्टिट्यूट, शेड नं. सी-17 और 18,
बिट नं. 23, इंडस्ट्रियल इस्टेट, टेकयेलपट, इम्फाल-795001,
एस.टी.डी.-03852—220584

22. **मेघालय**

स्माल इंडस्ट्रीज़ सर्विस इंस्टिट्यूट (ब्रांच), मेफेर फैक्टरी के पास, शॉर्ट राउंड रोड, शिलांग–793001, एस.टी.डी.-0364

23 **नगालैंड**

स्माल इंडस्ट्रीज़ सर्विस इंस्टिट्यूट (ब्रांच), इंडस्ट्रियल इस्टेट, डीमापुर-797112, एस.टी.डी.-03862

24. **ओडिसा**

स्माल इंडस्ट्रीज़ सर्विस इंस्टिट्यूट, कणिका रोड, तुलसीपुर, कटक-753008, एस.टी.डी.–0671-23219, टेलेक्स–676-229

25. **पंजाब**

स्माल इंडस्ट्रीज़ सर्विस इंस्टिट्यूट, इंडस्ट्रियल एरिया 'बी', लुधियाना–141003, एस.टी.डी.–0161-403225

26. **पांडिचेरी**

स्माल इंडस्ट्रीज़ सर्विस इंस्टिट्यूट, (एक्सटेंशन सेंटर) तट्टनचावड़ी, पांडिचेरी-605009

27. **राजस्थान**

स्माल इंडस्ट्रीज़ सर्विस इंस्टिट्यूट, 22, गोडाउन, इंडस्ट्रियल इस्टेट, जयपुर-302001, एस.टी.डी.-0141–375653, टेलेक्स-0365-2654, एस.आई.एस.आई. आई.एन.

28. **सिक्किम**

स्माल इंडस्ट्रीज़ सर्विस इंस्टिट्यूट, टाडोंग हाउसिंग कालोनी, पी.ओ. टाडोंग, गंगटोक, सिक्किम–737102

29. **तमिलनाडु**

स्माल इंडस्ट्रीज़ सर्विस इंस्टिट्यूट, 65/1, जी.एस.टी. रोड, गुइंडी, मद्रास–600032, एस.टी.डी.–044-2341785, टेलेक्स–041-26075, एस.आई.एस.आई. आई.एन.

30. **त्रिपुरा**

स्माल इंडस्ट्रीज़ सर्विस इंस्टिट्यूट (ब्रांच), 21, हरीश ठाकुर रोड, अगरतला–799001, एस.टी.डी.–0381-6570

31. **उत्तरप्रदेश**
स्माल इंडस्ट्रीज़ सर्विस इंस्टिट्यूट, ए-107, इंडस्ट्रियल इस्टेट,
कालपी रोड, कानपुर-282004, एस.टी.डी.-0381-6570,
टेलेक्स–0325-284-एस.आई.एस.आई. के.पी.

32. **उत्तरप्रदेश (आगरा)**
स्माल इंडस्ट्रीज़ सर्विस इंस्टिट्यूट, ए-208, कमला नगर, आगरा-282005,
एस.टी.डी.–0562-72188

33. **इलाहाबाद**
स्माल इंडस्ट्रीज़ सर्विस इंस्टिट्यूट, ई-17/18, इंडस्ट्रियल इस्टेट, नैनी,
इलाहाबाद, (यू.पी.)

34. **पश्चिम बंगाल**
स्माल इंडस्ट्रीज़ सर्विस इंस्टिट्यूट, 111 और 112, बी. टी. रोड,
कलकत्ता-700035, एस.टी.डी.-033-527594
टेलेक्स-21-29550 एस.आई.एस.आई. एन.आई.

टूलरूम

कार्य

उद्योगों के लिए टूल डाई, जिग्स तथा फिक्सचर्स का डिजाइन एवं उत्पादन करना; उपकरणों के उत्पादन में परामर्श एवं परीक्षण सेवाएँ देना; कामगारों को प्रशिक्षित करना

1. सेंट्रल इंस्टिट्यूट ऑफ टूल डिजाइन, बालंगीर,
हैदराबाद-500037

2. सेंट्रल टूलरूम, ए-5, फोकल पाइंट,
लुधियाना-141–10

3. सेंट्रल इंस्टिट्यूट ऑफ हैंड टूल्स, जी. टी. रोड, बाइपास,
जालंधर-144006

4. सेंट्रल टूलरूम एण्ड ट्रेनिंग सेंटर, बन हुगली इंडस्ट्रियल एरिया,
कलकत्ता-700035

5. टूलरूम एंड ट्रेनिंग सेंटर, वजीरपुर,
दिल्ली-110057

6. इण्डो-जर्मन टूलरूम, हर्षिद्ध चैम्बर्स, चौथी मंजिल, आश्रम रोड,
अहमदाबाद-380014

7. गवर्नमेंट टूलरूम एंड ट्रेनिंग सेंटर, राजाजी नगर, इंडस्ट्रियल एरिया,
बंगलूर-560044

8. इण्डो-जर्मन टूलरूम (औरंगाबाद),
कुर्ला अँधेरी रोड, साकी नाका,
बम्बई-400072

9. सेंट्रल टूलरूम एंड ट्रेनिंग सेंटर, इनर सर्किल रोड नं. 3,
कांट्रेक्टर्स एरिया, हिसतुपुर,
जमशेदपुर-83100

10. सेंट्रल टूलरूम एंड ट्रेनिंग सेंटर, भुवनेश्वर, विकास सदन,
कालेज स्क्वायर, सी.टी.सी.-3,
कटक-753003

प्रोडेक्ट एण्ड प्रोसेस डेवेलपमेंट सेंटर

एक विशेष उत्पाद समूह में तकनीकी खाई को भरने के लिए और आर. एंड डी. (शोध एवं विकास) की सुविधाएँ प्रदान करने हेतु पी.पी.डी.सी. की स्थापना की गई थी।

मुख्य कार्य

उत्पाद और प्रक्रिया में सुधार, नए और प्रवर्तित उत्पाद की रूपरेखा, बेहतर पैकेजिंग तकनीक का विकास, मानवशक्ति विकास और प्रशिक्षण केन्द्र

1. प्रोडक्ट-कम-प्रोसेस डेवेलपमेंट सेंटर
फॉर सेरेमिक्स एंड ग्लास इंडस्ट्रीज़, कूनहरटोली, दूसरी लेन, पुरुलिया रोड,
राँची-834010 (बिहार)

2. प्रोडक्ट-कम-प्रोसेस डेवेलपमेंट सेंटर,
स्पोर्ट्स गुड्स एंड लीजर टाइम इक्विपमेंट, दिल्ली रोड, मेरठ सिटी-250002

3. प्रोडक्ट-कम-प्रोसेस डेवेलपमेंट सेंटर, (फाउंडरी एंड फॉरजिंग)
एफ-166, कमला नगर, आगरा (यू.पी.)-282006

4. इलेक्ट्रानिक सर्विस एंड ट्रेनिंग सेंटर,
ग्राम रामनगर, कानीवा, जिला नैनीताल (यू.पी)

5. प्रोडक्ट-कम-प्रोसेस डेवेलपमेंट सेंटर
फार एसेंशियल ऑइल्स एण्ड परफ्यूम इंडस्ट्रीज़, कन्नय,
जिला फर्रूखाबाद (यू.पी.)

6. सेंट्रल इंस्टिट्यूट फॉर ग्लास इंडस्ट्रीज़,
फिरोजाबाद (उत्तरप्रदेश)

7. इंस्टिट्यूट फॉर डिजाइन ऑफ टेक्निकल मेजरिंग इंस्ट्रूमेंट्स (आई डी ई एम आई)
स्वातंत्र्यवीर तात्या टोपे मार्ग, चूना भट्टी, सायन पी. ओ., मुम्बई-400022

सेंट्रल फुटवियर ट्रेनिंग सेंटर

मुख्य कार्य

फुटवियर इंडस्ट्रीज़ के लिए मानवशक्ति प्रशिक्षण; फुटवियर में डिजाइन का विकास

1. सेंट्रल फुटवियर ट्रेनिंग सेंटर, 428, कोशलपुर एग्रो बाइपास रोड,
आगरा-282005

2. सेंट्रल फुटवियर ट्रेनिंग सेंटर, 65/1, जी.एस.टी. रोड, गुइंडी,
मद्रास-600032

मुख्य कार्य

उद्यमिता विकास प्रशिक्षण कार्यक्रम, लघु उद्योगों में प्रलेखों और सूचनाओं का प्रसार, विकास अधिकारियों और औद्योगिक विस्तारण स्टाफ को प्रशिक्षण

1. नेशनल इंस्टिट्यूट फॉर स्माल इंडस्ट्रीज़ एक्सटेंशन एंड ट्रेनिंग
(एन.आई.एस.आई.ई.टी.), यूसुफगदा, हैदराबाद–500045

2. इन्टीग्रेटेड ट्रेनिंग सेंटर,
नीलोखेरी (हरियाणा)-132117

3. नेशनल इंस्टिट्यूट फॉर आंत्रेप्रेन्यरशिप एंड स्माल बिजनेस डेवेलपमेंट (एन.आई.ई.एस.बी.यू.डी), एन.एस.आई.सी. कैम्पस,
ओखला इंडस्ट्रियल इस्टेट, ओखला, नई दिल्ली-110020

प्रशिक्षण कार्यों का संयोजन, प्रशिक्षण में सहायक सामग्री का विकास और प्रशिक्षण संकाय में कुशलता का विकास

परिशिष्ट - घ

लघु उद्योग से संबंधित महत्त्वपूर्ण वित्तीय तथा औद्योगिक विकास निगमों की सूची

स्माल इंडस्ट्रीज़ डेवेलपमेंट बैंक ऑफ इंडिया

मुख्य कार्यालय

लखनऊ

'विकास दीप' छठी और सातवीं मंजिल, 22, स्टेशन रोड, लखनऊ-226019,
फोन : 234112, 233962, 236531, 236532, 244128, टेलेक्स : 0535-2467,
फैक्स : 239084

क्षेत्रीय कार्यालय

मुंबई

नरीमन भवन, तेरहवीं मंजिल, 227, विनय के. शाह मार्ग, नरीमन प्वाइंट,
पोस्ट बैग नं. 9977, मुम्बई-400021
फोन नं. : 2851280, 2851282, 2851274-78, टेलेक्स नं. : 011-85016,
फैक्स : 204448

कलकत्ता

44, शेक्सपीयर सरणी, पांचवीं मंजिल, पोस्ट बैग नं. 16038, कलकत्ता-700017,
टेलि. नं. : 2476818-20, टेलेक्स नं. द्वारा आई.डी.बी.आई. 021-2736, 4652,
फैक्स द्वारा आई.डी.बी.आई. 473593

गुवाहाटी

आई.डी.बी.आई. बिल्डिंग, जी.एस. रोड, सेंटीनल के सामने, गुवाहाटी-781005,
फोन : 62545, टेलेक्स नं. : 0235-2533,
फैक्स : द्वारा आई.डी.बी.आई. 61853

मद्रास

टेम्पल टावर, पाँचवीं मंजिल, 476, अन्ना सलाई, नंदनम, पोस्ट बैग नं. 1312, मद्रास-600035
फोन : 450286, टेलेक्स 041-7532,
फैक्स द्वारा आई.डी.बी.आई. 454103

नई दिल्ली

वाई.एम.सी.ए. कल्चरल सेंटर, 1, जयसिंह रोड, पोस्ट बैग नं. 192, नई दिल्ली-110001
फोन : 344037, 344067, 3747120, 343821, टेलेक्स : 031-61513,
फैक्स : 344071

नेशनल स्माल इंडस्ट्रीज़ कारपोरेशन लिमिटेड

मुख्य कार्यालय

एन.एस.आई.सी. भवन, ओखला इंडस्ट्रियल इस्टेट, नई दिल्ली-110020

क्षेत्रीय कार्यालय

1. प्रेस्टिज चैम्बर्स, कल्याण स्ट्रीट, मुंबई-400009
2. 20, अब्दुल हमीद स्ट्रीट, कलकत्ता-700069
3. 615, अन्ना सलाई, मद्रास-600006
4. अम्बिकागिरि नगर, आर.जी. बरुआ रोड, गुवाहाटी-781024
5. 112/1, दूसरी मंजिल, बेनाझावर रोड, कानपुर-208002

राष्ट्रीय वित्तीय संस्थाएँ

इंडस्ट्रियल फाइनेंस कारपोरेशन ऑफ इंडिया (आई.एफ.सी.आई.)

बैंक ऑफ बड़ौदा बिल्डिंग, 16, संसद मार्ग, नई दिल्ली-110001

एक्सपोर्ट एंड इम्पोर्ट बैंक ऑफ इंडिया,

मेकर चैम्बर्स चार, आठवीं मंजिल 222, नरीमन प्वाइंट, मुम्बई-400021

एक्सपोर्ट क्रेडिट एंड गारंटी कारपोरेशन लिमिटेड

एक्सप्रेस टावर्स, दसवीं मंजिल, नरीमन प्वाइंट,
मुम्बई-400021

इंडस्ट्रियल रिकंस्ट्रक्शन बैंक ऑफ इंडिया लिमिटेड

19, नेताजी सुभाष रोड (दूसरी मंजिल),
कलकत्ता-700001

इंडस्ट्रियल क्रेडिट एंड इन्वेस्टमेंट कारपोरेशन ऑफ इंडिया लिमिटेड (आई.सी.आई.सी.आई.)

163, बैकबे रिक्लेमेशन, मुम्बई-400020

इंडस्ट्रियल डेवेलपमेंट बैंक ऑफ इंडिया (आई.डी.बी.आई.)

नरीमन भवन 227, वी. के. शाह मार्ग, बैकबे रिक्लेमेशन स्कीम,
नरीमन प्वाइंट, पोस्ट बैग नं. 10020, मुंबई-400020

राज्यों की विकास और वित्तीय संस्थाएँ

आंध्रप्रदेश

आंध्रप्रदेश हैंडिक्राफ्ट्स डेवेलपमेंट कारपोरेशन लिमिटेड

डाइरेक्टोरेट ऑफ इंडस्ट्रीज़, गवर्नमेंट ऑफ आंध्र प्रदेश हैदराबाद ए. पी.
पीसगाह काम्पलेक्स, नामपल्ली, हैदराबाद-500001

आंध्रप्रदेश इंडस्ट्रियल एंड टेक्निकल कंसल्टेंसी आर्गनाइजेशन लिमिटेड

10-2-289/21, शांति नगर,
हैदराबाद-500028

आंधप्रदेश स्टेट एग्रो इंडस्ट्रियल डेवेलपमेंट कारपोरेशन लिमिटेड

एग्रो भवन, 10-2-3, ए.सी. गार्डस,
हैदराबाद-500004

आंध्रप्रदेश स्टेट नान-रेजीडेंट इन्डियन इन्वेस्टमेंट कारपोरेशन लिमिटेड

परिश्रम भवनम, बशीर बाग,
हैदराबाद-500029

आंध्रप्रदेश आई.एन.डी.एल. डेवेलपमेंट कारपोरेशन लिमिटेड

परिश्रम भवनम, 5-9-58/बी, बशीर बाग, पोस्ट बैग नं. 1049,
हैदराबाद-500029

आंध्रप्रदेश इलेक्ट्रोनिक डेवेलेपमेंट कारपोरेशन लिमिटेड,

परिश्रम भवनम, बशीरबाग, हैदराबाद-500029

आंध्रप्रदेश इंडस्ट्रियल इन्फ्रास्ट्रक्चर कारपोरेशन लिमिटेड

5-9-58/बी, परिश्रम भवनम, फतेह मैदान रोड, हैदराबाद–500029

आंध्रप्रदेश स्माल स्केल इंडस्ट्रियल कारपोरेशन लिमिटेड

5-110-174, फतेह मैदान रोड,
हैदराबाद-500004

आंध्रप्रदेश स्टेट फाइनेंशियल कारपोरेशन

5-9-194, चिराग अली लेन,
हैदराबाद-500001

असम

डाइरेक्टोरेट ऑफ इंडस्ट्रीज़

गवर्नमेंट ऑफ असम, गुवाहाटी, असम

असम फाइनेन्शियल कारपोरेशन

यू. टी. रोड, गणेशगुड़ी, ओहारल्ली,
गुवाहाटी-781005

असम स्माल इंडस्ट्रीज़ डेवेलपमेंट कारपोरेशन लिमिटेड

बामुनिमैदान, गुवाहाटी-781021

असम एग्रो-इंडस्ट्रीज़ डेवेलपमेंट कारपोरेशन लिमिटेड

उलूबाड़ी, गुवाहाटी-781007

नार्थ ईस्टर्न इंडस्ट्रियल एंड टेक्निकल कंसल्टेंसी आर्गनाइजेशन लिमिटेड

मोनीराम दीवान रोड, बामुनिमैदान, गुवाहाटी-781021

असम इंडस्ट्रियल डेवेलपमेंट कारपोरेशन लिमिटेड

जू रोड, गुवाहटी-781024

बिहार

डाइरेक्टोरेट ऑफ इंडस्ट्रीज़

गवर्नमेंट ऑफ बिहार, पटना, बिहार

बिहार स्टेट इलेक्ट्रोनिक डेवेलपमेंट कारपोरेशन लिमिटेड

उद्योग भवन, दूसरी मंजिल, पूर्वी गांधी मैदान, पटना-800004

बिहार स्टेट फाइनेन्शियल कारपोरेशन लिमिटेड

फ्रेजर रोड, पटना-800001

बिहार स्टेट स्माल इंडस्ट्रीज़ कारपोरेशन लिमिटेड

पश्चिमी गांधी मैदान, बिस्कोमान बिल्डिंग (एनेक्स-1)
पटना-800004

बिहार स्टेट क्रेडिट एंड इन्वेस्टमेंट कारपोरेशन लिमिटेड

बिस्कोमान बिल्डिंग, पश्चिमी गांधी मैदान, पटना-800004

बिहार स्टेट एक्सपोर्ट कारपोरेशन लिमिटेड

बिस्कोमान बिल्डिंग, पश्चिमी गांधी मैदान, पटना-800004

बिहार स्टेट इंडस्ट्रियल डेवेलपमेंट कारपोरेशन लिमिटेड

बंदर बगीचा, पटना-800001

चंडीगढ़

चंडीगढ़ स्माल इंडस्ट्रीज़ डेवेलपमेंट कारपोरेशन लिमिटेड

9-ए, मध्य मार्ग, सेक्टर 7-सी, चंडीगढ़-160017

दिल्ली

दिल्ली फाइनेन्शियल कारपोरेशन

सरस्वती भवन, ई-ब्लॉक, कनाट प्लेस, नई दिल्ली-110001

दिल्ली स्टेट इंडस्ट्रियल डेवेलपमेंट कारपोरेशन लिमिटेड

एन ब्लॉक, बाम्बे लाइफ बिल्डिंग, कनाट सर्कस,
नई दिल्ली-110001

गुजरात

डाइरेक्टोरेट ऑफ इंडस्ट्रीज़, गवर्नमेंट ऑफ गुजरात,

अहमदाबाद, गुजरात

गुजरात इंडस्ट्रियल इनवेस्टमेंट कारपोरेशन लिमिटेड

चुन्नीबाई चैम्बर्स, दीपाली सिनेमा के पीछे, आश्रम रोड,
अहमदाबाद-380009

गुजरात इंडस्ट्रियल डेवेलपमेंट कारपोरेशन

भवानी चैम्बर्स, तीसरी मंजिल, आश्रम रोड,
अहमदाबाद-380009

गुजरात स्टेट एक्सपोर्ट कारपोरेशन लिमिटेड

गुजरात चैम्बर्स बिल्डिंग, आश्रम रोड, अहमदाबाद-380009

गुजरात स्टेट हैंडीक्राफ्ट एंड हैंडलूम डेवेलपमेंट कारपोरेशन लिमिटेड

संन्यास आश्रम के सामने, आश्रम रोड, अहमदाबाद-380009

गुजरात स्माल इंडस्ट्रीज़ कारपोरेशन लिमिटेड

भगवती चैम्बर्स, गुजरात विद्यापीठ के सामने, आश्रम रोड, अहमदाबाद-380014

गुजरात स्टेट फाइनेन्शियल कारपोरेशन

जलदर्शन बिल्डिंग, आर.सी. मार्ग, अहमदाबाद-380009

हरियाणा

डाइरेक्टोरेट ऑफ इंडस्ट्रीज़

गवर्नमेंट ऑफ हरियाणा, 30, बेज बिल्डिंग, सेक्टर 17, चण्डीगढ़-160017

हरियाणा स्टेट इंडस्ट्रियल डेवेलपमेंट कारपोरेशन

एस.सी.ओ. 40-41, सेक्टर 17 ए, पी.बी. नं. 22, चंडीगढ़-160017

हरियाणा स्टेट स्माल इंडस्ट्रीज़ एंड एक्सपोर्ट कारपोरेशन लिमिटेड

सिबल बिल्डिंग, सेक्टर 17 डी, चंडीगढ़-160017

हरियाणा फाइनेन्शियल कारपोरेशन

बेज नं. 17, 18, 19, सेक्टर 17 ए, चंडीगढ़-160017

हरियाणा स्टेट इंडस्ट्रियल डेवेलपमेंट कारपोरेशन लिमिटेड

पी.बी. नं. 22, एस.सी.ओ. नं. 40 और 41, सेक्टर 17 ए, चंडीगढ़-160017

डाइरेक्टोरेट ऑफ इंडस्ट्रीज़, हरियाणा

30, बेज बिल्डिंग, सेक्टर-17, चंडीगढ़-160017

हरियाणा स्टेट इलेक्ट्रानिक्स डेवेलपमेंट कारपोरेशन लिमिटेड

1556, सेक्टर 18-डी, चंडीगढ़-160018

हिमाचल प्रदेश

डाइरेक्टोरेट ऑफ इंडस्ट्रीज़

गवर्नमेंट ऑफ हिमाचल प्रदेश, निगम विहार, शिमला-171002

हिमाचल प्रदेश स्टेट इलेक्ट्रॉनिक्स डेवलपमेंट कारपोरेशन

शालीग्राम भवन, खालिनी, शिमला-171004

हिमाचल प्रदेश फाइनेन्शियल कारपोरेशन

किशोर भवन, सर्कुलर रोड, हिमरस, शिमला (एच.पी.)

हिमाचल प्रदेश मिनरल्स एंड इंडस्ट्रियल डेवेलपमेंट कारपोरेशन लिमिटेड

शिमला (एच.पी.)-171001

हिमाचल प्रदेश इंडस्ट्रियल डेवेलपमेंट कारपोरेशन

सर्कुलर रोड, हिमरस, शिमला

हिमाचल प्रदेश स्टेट स्माल इंडस्ट्रीज़ एंड एक्सपोर्ट कारपोरेशन लिमिटेड

किशोर भवन, द माल, शिमला (एच.पी.)

जम्मू और कश्मीर

डाइरेक्टोरेट ऑफ इंडस्ट्रीज़

गवर्नमेंट ऑफ जम्मू-कश्मीर, श्रीनगर (जे एंड के)

जे एंड के स्टेट इंडस्ट्रीज़ डेवेलपमेंट कारपोरेशन

ड्राबु हाउस, रामबाग, श्रीनगर-190001

जे एंड के स्माल स्केल इंडस्ट्रीज़ डेवेपलमेट कारपोरेशन,

करन नगर, श्रीनगर

कर्नाटक

डाइरेक्टोरेट ऑफ इंडस्ट्रीज़

गवर्नमेंट ऑफ कर्नाटक, बंगलूर, कर्नाटक

कर्नाटक इंडस्ट्रियल एरिया डेवेलपमेंट बोर्ड

राष्ट्रोत्थानपरिषद् बिल्डिंग, नं. 14/3, नरुपथुंगा रोड, बंगलूर-560002

कर्नाटक लेदर इंडस्ट्रीज़ डेवेलपमेंट कारपोरेशन लिमिटेड

चौथी मंजिल, पी. यू. बिल्डिंग, एम.जी. रोड, बंगलूर-560001

कर्नाटक स्टेट इलेक्ट्रॉनिक डेवेलपमेंट कारपोरेशन लिमिटेड

एमलिन हेवन, 30, रेसकोर्स रोड, बंगलूर-560001

कर्नाटक स्टेट हैंडीक्राफ्ट डेवेलपमेंट कारपोरेशन लिमिटेड

वेब्स कॉम्पलेक्स, 26, महात्मा गांधी रोड, बंगलूर-560001

कर्नाटक स्टेट स्माल इंडस्ट्रीज़ डेवेलपमेंट कारपोरेशन लिमिटेड

एडमिनिस्ट्रेटिव ऑफिस बिल्डिंग, इंडस्ट्रियल इस्टेट, राजाजी नगर, बंगलूर-560044

कर्नाटक लेदर इंडस्ट्रीज़ डेवेलपमेंट कारपोरेशन लिमिटेड

14, लक्ष्मी बिल्डिंग, जे.सी. रोड, बंगलूर-560002

कर्नाटक स्टेट इंडस्ट्रियल इनवेस्टमेंट एंड डेवेलपमेंट कारपोरेशन लिमिटेड

एम.एस.आई.एल. हाउस, 36, कनिंघम रोड, बंगलूर-560052

केरल

डाइरेक्टोरेट ऑफ इंडस्ट्रीज़

गवर्नमेंट ऑफ केरल, तीसरी मंजिल, विकास भवन, त्रिवेंद्रम-695033

केरल फाइनेन्शियल कारपोरेशन

के.एफ.सी. बिल्डिंग, वेल्लयाम्बालम, त्रिवेन्द्रम-695002

केरल इंडस्ट्रियल एंड टेक्निकल कंसल्टेंसी आर्गनाइजेशन लिमिटेड

शीमा बिल्डिंग, महात्मा गांधी रोड, पी.बी. नं. 1820, कोचीन-682016

केरल स्टेट इंडस्ट्रियल डेवेलपमेंट कारपोरेशन लिमिटेड

केस्टन रोड, कावदियार, त्रिवेंद्रम-695001

डाइरेक्टोरेट ऑफ इंडस्ट्रीज़ एंड कामर्स

तीसरी मंजिल, विकास भवन, त्रिवेंद्रम-695033

केरल स्टेट इलेक्ट्रॉनिक्स डेवेलपमेंट कारपोरेशन लिमिटेड

केल्ट्रन हाउस, वेल्लयाम्बालम, त्रिवेंद्रम-695001

केरल स्टेट स्माल इंडस्ट्रीज़ डेवेलपमेंट एंड इम्पलॉयमेंट कारपोरेशन लिमिटेड

हाउसिंग बोर्ड बिल्डिंग, शांतिनगर, त्रिवेंद्रम-695001

मध्यप्रदेश

डाइरेक्टोरेट ऑफ इंडस्ट्रीज़

गवर्नमेंट ऑफ मध्यप्रदेश, भोपाल, मध्यप्रदेश

मध्यप्रदेश स्टेट इंडस्ट्रीज़ कारपोरेशन लिमिटेड

पंचानन, मालवीय नगर, भोपाल-462001

मध्यप्रदेश स्टेट एग्रो-इंडस्ट्रीज़ डेवेलपमेंट कारपोरेशन लिमिटेड

न्यू मार्किट, तात्या टोपे नगर, भोपाल-462001

मध्यप्रदेश स्टेट इंडस्ट्रीज़ कारपोरेशन लिमिटेड

पंचानन, मालवीय नगर, भोपाल-462003

मध्यप्रदेश फाइनेन्शियल कारपोरेशन

फाइनेन्स हाउस, बाम्बे-आगरा रोड, इंदौर-452001

महाराष्ट्र

डाइरेक्टोरेट ऑफ इंडस्ट्रीज़

गवर्नमेंट ऑफ महाराष्ट्र, मुंबई, महाराष्ट्र

महाराष्ट्र स्टेट फाइनेन्शियल कारपोरेशन

न्यू एक्सेलसियर बिल्डिंग, पाचवाँ, सातवाँ और नौवाँ तल,
ए. के. नायक मार्ग, फोर्ट, मुंबई-400001

महाराष्ट्र इंडस्ट्रियल डेवेलपमेंट कारपोरेशन

मारोल इंडस्ट्रियल एरिया, महाकाली केव्स रोड,
अँधेरी (ईस्ट), मुंबई-400094

स्टेट इंडस्ट्रियल एंड इनवेस्टमेंट कारपोरेशन ऑफ महाराष्ट्र लिमिटेड

पहली मंजिल, निर्मल, नरीमन प्वाइंट, मुंबई-400021

महाराष्ट्र इलेक्ट्रॉनिक कारपोरेशन लिमिटेड

प्लॉट नं. 214, बैकबे रिक्लेमेशन, रहेजा सेन्टर, तेरहवीं मंजिल,
नरीमन प्वाइंट, मुंबई-400001

महाराष्ट्र स्माल स्केल डेवेलपमेंट कारपोरेशन लिमिटेड

कृपानिधि, 9 डब्लू, हीराचंद मार्ग, बैलार्ड इस्टेट, मुंबई-400038

ओड़िसा

डाइरेक्टोरेट ऑफ इंडस्ट्रीज़

गवर्नमेंट ऑफ ओड़िसा, भुवनेश्वर, ओड़िसा

ओड़िसा इंडस्ट्रियल इनफ्रास्ट्रचर डेवेलपमेंट कारपोरेशन

आई.डी.सी.ओ. टावर्स, जनपथ, भुवनेश्वर-751007

ओड़िसा स्टेट फाइनेन्शियल कारपोरेशन

ओ.एम.पी. स्क्वायर, कटक-753003

इंडस्ट्रियल डेवेलपमेंट कारपोरेशन ऑफ ओड़िसा लिमिटेड

पी.बी. नं. 78, भुवनेश्वर-751007

ओड़िसा स्माल इंडस्ट्रियल कारपोरेशन लिमिटेड

बाराबती स्टेडियम, कटक-753005

पांडिचेरी

पांडिचेरी इंडस्ट्रियल प्रोमोशन डेवेलपमेंट एंड इनवेस्टमेंट कारपोरेशन लिमिटेड

38 रोम्याँ रोलाँ स्ट्रीट, पांडिचेरी-605001

पंजाब

डाइरेक्टोरेट ऑफ इंडस्ट्रीज़

गवर्नमेंट ऑफ पंजाब, चंडीगढ़, पंजाब

पंजाब फाइनेन्शियल कार्पोरेशन

सेक्टर 17-बी, 95-98, बैंक स्क्वायर, चंडीगढ़-160017

पंजाब स्टेट इलेक्ट्रॉनिक्स डेवेलपमेंट एंड प्रोडक्शन कारपोरेशन लिमिटेड

बैंक ऑफ इंडिया बिल्डिंग, बैंक स्क्वायर, सेक्टर 17-बी, चंडीगढ़-160017

पंजाब स्टेट स्माल इंडस्ट्रीज़ कारपोरेशन लिमिटेड

बत्रा बिल्डिंग, सेक्टर 17, पोस्ट बैग नं. 11, चंडीगढ़-160017

पंजाब एक्सपोर्ट कारपोरेशन लिमिटेड

कोठी नं. 117, सेक्टर 18-ए, पी.बी. नं. 20, चंडीगढ़-160017

उद्योग सहायक

डाइरेक्टोरेट ऑफ इंडस्ट्रीज़, 17 बेज बिल्डिंग, सेक्टर-17,
चंडीगढ़

पंजाब स्टेट इंडस्ट्रीयल डेवेलपमेंट कारपोरेशन लिमिटेड

एस.सी.ओ. 54, 55 और 56, सेक्टर 17-ए, चंडीगढ़-160017

राजस्थान

डाइरेक्टोरेट ऑफ इंडस्ट्रीज़

गवर्नमेंट ऑफ राजस्थान, जयपुर, राजस्थान

राजस्थान स्माल इंडस्ट्रीज़ कारपोरेशन, लिमिटेड

उद्योग भवन, तिलक मार्ग, 'सी' स्कीम, जयपुर-302005

राजस्थान फाइनेन्शियल कारपोरेशन

उद्योग भवन, तिलक मार्ग, 'सी' स्कीम, जयपुर-302005

राजस्थान स्टेट इंडस्ट्रियल डेवेलपमेंट एंड मिनरल डेवेलपमेंट कारपोरेशन लिमिटेड,

उद्योग भवन, तिलक मार्ग, जयपुर-302005

तमिलनाडु

डाइरेक्टोरेट ऑफ इंडस्ट्रीज़

गवर्नमेंट ऑफ तमिलनाडु, मद्रास, तमिलनाडु

स्टेट इंडस्ट्रीज़ प्रोमोशन कारपोरेशन ऑफ तमिलनाडु लिमिटेड

51/52 ग्रीम्स रोड, मद्रास-600006

तमिलनाडु इंडस्ट्रियल इनवेस्टमेंट कारपोरेशन लिमिटेड

अरुल मनानी, 27 ह्वाइट्स रोड, मद्रास-600004

तमिलनाडु इंडस्ट्रियल डेवेलपमेंट कारपोरेशन लिमिटेड

735, अन्ना सलाई, मद्रास—600002

तमिलनाडु स्माल इंडस्ट्रीज़ कारपोरेशन लिमिटेड

4, ह्वाइट्स रोड, मद्रास-600014

त्रिपुरा

डाइरेक्टोरेट ऑफ इंडस्ट्रीज़

गवर्नमेंट ऑफ त्रिपुरा, अगरतला, त्रिपुरा

त्रिपुरा स्माल इंडस्ट्रीज़ कारपोरेशन लिमिटेड

अगरतला—799001

त्रिपुरा इंडस्ट्रियल डेवेलपमेंट कारपोरेशन लिमिटेड

अगरतला—790001

उत्तरप्रदेश

डाइरेक्टोरेट ऑफ इंडस्ट्रीज़

गवर्नमेंट ऑफ उत्तरप्रदेश, उद्योग भवन, जी. टी. रोड,
कानपुर-208002

प्रदेशीय इंडस्ट्रियल एंड इनवेस्टमेंट कारपोरेशन ऑफ यू. पी. लिमिटेड,

जावर भवन एनेक्सी, दूसरी मंजिल, अशोक मार्ग, लखनऊ-226001

यू.पी. इंडस्ट्रियल कंसल्टेंट्स लिमिटेड

पांचवीं मंजिल, हैंडलूम भवन, जी.टी. रोड. कानपुर,

यू.पी. एक्सपोर्ट कारपोरेशन लिमिटेड

बी-27, सर्वोदय नगर, कानपुर-208005

यू.पी. स्टेट इंडस्ट्रियल डेवेलपमेंट कारपोरेशन लिमिटेड

117/130, सर्वोदय नगर, कानपुर-208005

उत्तरप्रदेश इलेक्ट्रॉनिक कारपोरेशन लिमिटेड

नवचेतन केन्द्र, पहला तल, 10, अशोक मार्ग, लखनऊ-226001

यू.पी. फाइनेन्शियल कारपोरेशन

14/88, सिविल लाइन्स, कानपुर-208001

यू.पी. स्माल इंडस्ट्रीज़ डेवेलपमेंट कारपोरेशन लिमिटेड

बी-15, सर्वोदय नगर, कानपुर-208005

पश्चिम बंगाल

डाइरेक्टोरेट ऑफ इंडस्ट्रीज़

गवर्नमेंट ऑफ वेस्ट बंगाल, कलकत्ता

वेस्ट बंगाल फाइनेन्शियल कारपोरेशन

12-ए, नेताजी सुभाष रोड, तीसरा-चौथा तल, कलकत्ता-700001

वेस्ट बंगाल इलेक्ट्रॉनिक्स इंडस्ट्रियल डेवेलपमेंट कारपोरेशन लिमिटेड

224 ई, आचार्य जगदीशचन्द्र बोस रोड, कलकत्ता-700020

वेस्ट बंगाल स्माल इंडस्ट्रीज़ कारपोरेशन लिमिटेड

6 ए, राजा सुबोध मलिक स्क्वायर, तीसरी मंजिल, कलकत्ता-700012

वेस्ट बंगाल इंडस्ट्रियल डेवेलपमेंट कारपोरेशन लिमिटेड

23 ए, नेताजी सुभाष रोड, कलकत्ता-700001
नया सचिवालय भवन (नौवीं मंजिल) 1, किरण शंकर राय रोड, कलकत्ता-700001

परिशिष्ट - च

तकनीकी परामर्श देनेवाली संस्थाओं की सूची

1. **आंध्रप्रदेश**

आंध्रप्रदेश इंडस्ट्रियल एंड टेक्निकल कंसल्टेंसी आर्गनाइजेशन लिमिटेड,
परिश्रम भवनम, आठवीं मंजिल, ईस्टर्न विंग, 5-958/बी, बशीर बाग, हैदराबाद-500029
फोन : 33058, 33616, तार : एपीआईटीसीओ

2. **असम**

नार्थ-ईस्टर्न इंडस्ट्रियल एंड टेक्निकल कंसल्टेंसी आर्गनाइजेशन लिमिटेड,
मोनीराम दीवान रोड, बामुनिमैदान, गुवाहाटी-781021
फोन : 31141, 31142, 31143, 25462, 27422, टेलेक्स : 0235-330
तार : एनईआईटीसीओएल

3. बिहार

बिहार इंडस्ट्रियल एंड टेक्निकल कंसल्टेंसी आर्गनाइजेशन लिमिटेड,
उद्योग विकास भवन, छठी मंजिल, रामचरित्र सिंह पथ, बेली रोड—पटना-800001
फोन : 53065, 53976, तार : बीआईटीसीओ

4. **गुजरात**

गुजरात इंडस्ट्रियल एंड टेक्निकल कंसल्टेंसी आर्गनाइजेशन लिमिटेड,
नेप्चून टावर, आश्रम रोड, पो.बी. नं. 209, अहमदाबाद-380009
फोन : 407617-18, 407658, तार : उद्योगसलाह

5. **हरियाणा**

हरियाणा इंडस्ट्रियल कंन्सल्टेंट्स लिमिटेड,
459, सेक्टर-14, सोनीपत-131001, फोन : 3707, तार : हरिकोन

6. **हिमाचल प्रदेश**

हिमाचल प्रदेश कंसल्टेंसी आर्गनाइजेशन लिमिटेड,
न्यू ब्रिज वियू इस्टेट, द माल, शिमला-171001,
फोन : 2488, 4537, तार : कंसल्टेन्ट्स

7. **जम्मू-कश्मीर**

जे एंड के इंडस्ट्रीयल एंड टेक्निकल कंसल्टेंसी आर्गनाइजेशन लिमिटेड,
नसीब भवन, पुरानी मंडी, पी.बी. न. 84, जम्मू-180001, फोन : 47565
तार : जेकेइटको

8 **कर्नाटक**

टेक्निकल कंसल्टेंसी सर्विस आर्गनाइजेशन ऑफ कर्नाटक,
डाइरेक्टोरेट ऑफ इंडस्ट्रीज़ एंड कामर्स, राष्ट्रोत्थान परिषद भवन, छठी मंजिल, नरुपातुंगा रोड, बंगलूर-560002
फोन : 258516, 285590, 771150, तार : आरईसीएसओके

9. **केरल**

केरल इंडस्ट्रियल एंड टेक्निकल कंसल्टेंसी आर्गनाइजेशन लिमिटेड,
शीमा बिल्डिंग, महात्मा गांधी रोड, कोचीन-682016
फोन : 354180, 360408, तार : कंसल्टेंट्स

10. **मध्यप्रदेश**

मध्यप्रदेश कंसल्टेंसी आर्गनाइजेशन लिमिटेड,
पी.बी. नं. 339, गंगोत्री, टी.टी. नगर, भोपाल-462003
फोन : 64616, 66313, 66768, टेलेक्स : 705-249, तार : एमपीसीओएन

11. **महाराष्ट्र**

महाराष्ट्र इंडस्ट्रियल एंड कंसल्टेंसी आर्गनाइजेशन लिमिटेड,
कुबेर चैम्बर्स, डॉ. राजेन्द प्रसाद रोड, शिवाजी नगर, पुणे-411007,
फोन : 52122, तार : एमआईटीओओएन

12 **मणिपुर**

नार्थ-ईस्टर्न इंडिस्ट्रयल कंसल्टेंट्स लिमिटेड,
इम्फाल अर्बन को.आ. बैंक बिल्डिंग, एम.जी. एवेन्यू, इम्फाल-795001,
तार : एनईसीओएन

13. **पंजाब**

नार्थ इंडिया टेक्निकल कंसल्टेंसी आर्गनाइजेशन लिमिटेड,
एस.सी.ओ. नं. 131-132, पहली मंजिल, सेक्टर 17-सी,
चंडीगढ़-160017, फोन : 31993, तार : एनआईटीसीओएन.

14. **ओड़िसा**

ओड़िसा इंडस्ट्रियल एंड टेक्निकल कंसल्टेंसी आर्गनाइजेशन लिमिटेड,
प्लॉट नं. 4, सत्यनगर, भुवनेश्वर-751007
फोन : 53684, टेलेक्स : 0675-292, तार : ओआरआईटीसीओ.

15. **राजस्थान**

राजस्थान कंसल्टेंसी आर्गनाइजेशन लिमिटेड
देवी निकेतन, सरदार पटेल मार्ग, जयपुर-302001
फोन : 79207, तार : कंसल्टेंट

16. **तमिलनाडु**

इंडस्ट्रियल एंड टेक्निकल कंसल्टेंसी आर्गनाइजेशन आफ तमिलनाडु लिमिटेड,
50-ए, ग्रीम्स रोड, मद्रास-600006
फोन : 470324, टेलेक्स : 041-7736, तार : टीएएन कन्सल्ट

17 **उत्तरप्रदेश**

यू.पी. इंडस्ट्रियल कंसल्टेंट्स लिमिटेड,
पाँचवीं मंजिल, हैण्डलूम भवन, जी. टी. रोड, कानपुर-208002

परिशिष्ट - छ

देश में औद्योगिक रूप से पिछड़े जिलों की सूची

आंध्रप्रदेश

(14)

अनंतपुर, चित्तूर, कुडप्पाह, करीमनगर, खम्मन, कुर्नूल, महबूबनगर, मेडक, नलगोंडा, नेल्लौर, निजामबाद, ओंगोल, श्रीकाकुलम और वारंगल

बिहार

(18)

भागलपुर, चामनगर, दरभंगा, मुजफ्फरपुर, वालागउ, पूर्णिया, सहरसा, संथाल परगना, सारण, नालंदा, औरंगाबाद, नवादा, गया, भोजपुर, बेगूसराय, मुंगेर, खगड़िया, मधेपुरा

गुजरात

(11)

अमरेली, बनासकांठा, भावनगर, भड़ौच, जूनागढ़, कच्छ, मेहसाणा, पंचमहल, साबरकांठा, सुरेन्द्रनगर और दांग

हरियाणा

(4)

भिवानी, हिसार, जिंद और महेन्द्रगढ़

कर्नाटक

(11)

बेलगाम, बीदर, बीजापुर, धारवाड़, गुलबर्गा, हासन, मैसूर, नार्थ कैनरा, रायचूर, साउथ कैनरा और तुमकुर

केरल

(7)

अलप्पी, कन्नानूर, मालापुरम, त्रिचूर, त्रिवेंद्रम, वायनाड और इडुक्की

मध्यप्रदेश

(36)

बालाघाट, बस्तर, बेतुल, बिलासपुर, भिंड, छतरपुर, छिंदवाड़ा, दामोह, दतिया, धार, देवास, गुना, होशंगाबाद, झाबुआ, खारगौन, मांडला, कंदसौर, मुरेना, नरसिंहपुर, पन्ना, रायगढ़, रायपुर, राजनाँदगाँव, राजगढ़, रायसेन, रतलाम, रीवाँ, सागर, सिओन, शाजापुर, शिवपुरी, सीधी, सरगुजा, टीकमगढ़, विदिशा और नया सेहोर जिला।

महाराष्ट्र

(14)

औरंगाबाद, भंडारा, हीर, बुलढाना, चंद्रपुर, कोलाबा, धूलिया, जलगाँव, नानडेड, उस्मानाबाद, परभनी, रत्नागिरी, यवतमाल और गडचिरोली

ओड़िसा

(8)

बालासोर, बोलनगीर, ढेंकनाल, कालाहाँडी, केओनझार, कोरापुट, मयूरभंज और फूलबनी

पंजाब

(5)

भटिंडा, फीरोज़पुर, गुरदासपुर, होशियारपुर और संगरूर

राजस्थान

(16)

अलवर, बाँसवाड़ा, भीलवाड़ा, बाड़मेर, चुरू, डूँगरपुर, जैसलमेर, जालौर, झुंझुनू, झालावाड़, जोधपुर, नागौर, सीकर, सिरोही, टोंक और उदयपुर

तमिलनाडु

(9)

धर्मपुरी, कन्याकुमारी, मदुरै, नार्थ अरकोट, रामनाथपुरम, साउथ अरकोट, तंजावूर, तिरुचिरापल्ली और पुडिक्कोट्टाई जिला

उत्तरप्रदेश

(41)

अल्मोड़ा, आजमगढ़, बदायूँ, बहराइच, बलिया, बाँदा, बाराबंकी, बस्ती, बुलंदशहर, चमोली, देवरिया, एटा, इटावा, फैजाबाद, फर्रूखाबाद, फतेहपुर, गाजीपुर, गोंडा, हमीरपुर, हरदोई,

जालौन, जौनपुर, झाँसी, मैनपुरी, मथुरा, मुरादाबाद, पीलीभीत, पिथौरागढ़, रायबरेली, रामपुर, उत्तरकाशी, कानपुर देहात, उन्नाव, टिहरी गढ़वाल, पौड़ी गढ़वाल, देहरादून, नैनीताल, शाहजहाँपुर, सीतापुर और सुल्तानपुर

पश्चिम बंगाल

(13)

बाँकुड़ा, बीरभूम, बर्दवान, कूच-बिहार, दार्जिलिंग, हुगली, जलपाइगुड़ी, मालदा, मिदनापुर, मुर्शिदाबाद, नादिया, पुरुलिया, वेस्ट दीनाजपुर

पिछड़े समझे जानेवाले राज्य/केन्द्र-शासित प्रदेश

- अंडमान और निकोबार द्वीपसमूह
- अरुणाचल प्रदेश
- असम
- दादर और नागर हवेली
- दमन और दिव
- गोवा
- हिमाचल प्रदेश
- जम्मू और कश्मीर
- लक्षद्वीप
- मणिपुर
- मेघालय
- मिजोरम
- नगालैंड
- पांडिचेरी
- सिक्किम
- त्रिपुरा